MAMA MUDU'S CHILDREN

– Masitha Hoeane –

A South African post-freedom tragi-comedy (2017)

African Perspectives Publishing
PO Box 95342, Grant Park 2051, South Africa
www.africanperspectives.co.za

ISBN PRINT 978-0-9922363-8-0
ISBN DIGITAL 978-0-9922363-9-7

Typeset by Gail Day
Cover design by K Creative Design (Pty) Ltd

MAMA MUDU'S CHILDREN was first performed at the AULA Theatre, University of Pretoria, on 3 June 2016

CAST

Mama Mudu	Gcina Mtika
Headmaster	Jabulani Masemula
Florina	Tshegofatso Mabele
Gysman/Preacher	Lebohang Matsemela
Samson	Mzukisi Kuse
Mamina	Boitshwaro Sepato
Lulu	Katlego Taaibos
Ma-Lozi	Tiisetso Seelamo
MmaLulu	Kamohelo Semela
Maki	Nomsa Skosana
KK	Malose Masenya
Mercy	Malose Masenya

DIRECTOR   Masitha Hoeane

TECHNICAL TEAM

Phuthi Matuba, Mxolisi Duda, Lebogang Makwane
Spiro Schoeman, Mosima Ramatsetse, Kamohelo Semela
Bonolo Menu, Vusi Nyalunga, Tshiamo Shoba, Neo Petersen

PREFACE

MAMA MUDU's CHILDREN was commissioned by the Ubuntu project at the Centre for the Advancement of Scholarship, University of Pretoria, and funded by the Templeton World Charity Foundation, USA, without whom this play would not have seen the light of the day. The play is only a small part of a much bigger project on the subject of Ubuntu.

Writing and directing the play has an interesting strand to it: an experience in the interplay between commissioning and creative freedom which remains a vexed question in the field of Theatre-For-Development (TFD). The two commissioning professors (James Ogude and Bheki Peterson) on the one and the writer and Director on the other struck a symbiotic chord cord which delivered the brief but gave creative amplitude to the writer which would make an interesting study.

In the play, the community of Edladleni strives to come to terms with itself in post-freedom South Africa as they swim against the tide of the survival imperative and a myriad of thwarted expectations. The journeys of characters embody the tussle with the slide from deprivation to depravation: xenophobia, crime, the disintegration the family unit, alienation from self and community, negativity and self-corroding bitterness. Yet even in despair, redemption remains possible in the resort to Ubuntu – humane values, community spirit, and environmental activism, among others.

As the turmoil of social changes grips society, Mama Mudu stands solid as a rock against the forces of disintegration. She rises from being just mother to her disturbed and fire-eating children, to being mother to the entire community. The play has some tear-jerking moments but is told with a heart-warming embrace of the under-class. MAMA MUDU's CHILDREN holds up a mirror to South African society regarding topical existential issues of the day through the leitmotif of Mama's family and the storms of social change.

MAMA MUDU's CHILDREN is a human story with characters driven by inner human impulses and react to each other and to the situation around them. It is in that sense an African story with humanly significant lessons and universal human appeal. It is told with verve, authenticity and humour to excite and engage audiences. It strives to be a good story well told and true to the medium of the theatre. This particular book comes in two versions: one English, one Sesotho. The reader who understands both languages will find this interesting for the one version is not simply a translation of the other but rather a re-creation of it in a different linguistic/cultural milieu.

On stage, performances of the play have been highly impactful on audiences for the actors do not just play to the audience but play with the audience as well. The participatory nature of the play was often followed with post-performance discussions in which the audience provided feedback and readily took to the exercise with enthusiasm. Audience participation was translated into audience empowerment as the audience changed from passive observers and transmitted their feelings and thoughts back. It is my hope that this printed version will continue to have similar ripples and impact on the readers.

Masitha Hoeane

ACKNOWLEDGEMENT

This play was part of the Ubuntu project funded by the Templeton World Charity Foundation to whom we wish to express our gratitude. Housed within the Centre for the Advancement of Scholarship (CAS), at the University of Pretoria, the project whose aim was to explore the meaning and value of Ubuntu in human and social development in Africa, started in April 2014. Four leading researchers at the University led the project: Professor James Ogude as the Principal Investigator, with Professors Julian Muller, Christof Heyns and Maxi Schoeman, leading other related clusters. The substance and motivation behind this play, directly and indirectly, fed off some of the multi-faceted issues that this project was able to open up, especially around our understanding of Ubuntu and our responsibility to others and community in general. The play, *Mama Mudu's Children*, is also rooted in some aspects of our research findings gleaned from our fieldwork experiences, especially in interrogating the value and relevance of Ubuntu, in conflict / post-conflict situations in contemporary society. We wish to acknowledge those many faces that we interacted with, our Ubuntu Associates here in South Africa and in the East African region. Immense gratitude to Professor Bhekizizwe Peterson, of the University of the Witwatersrand, whose ideas and invaluable insights shaped the final shape of this play. And to my research assistant, Uni Dyer, who co-ordinated all the activities around the project; and Cecelia Samson, the Administrative Assistant at the Centre who made sure the original cast of the play got their refreshments and meals during rehearsals – thank you. Finally, to Dr Masitha Hoeane (the writer and director), his crew and the University of Pretoria students (some for whom this was the first stage experience); your commitment and enthusiasm transformed this play into a memorable experience: inkosi – thank you.

James Ogude

Principal Investigator and

Director, Centre for the Advancement of Scholarship

CHARACTERS

MAMA MUDU (MAMA)	A woman of mature years and wisdom
MAMALULU	Her daughter-in-law, wife of KK and mother of LULU
KEKI aka KK	MAMA Mudu's son, a born-free turned social rebel
FLORINA	MAMA's daughter, a student and community activist
LULU	Precocious son of KK and FLORINA, grandson to MAMA MUDU
MAKI	MAMA MUDU's younger friend and neighbour
THE HEADMASTER	A bubbly barber and man of the world
MAMINA	A tsotsi and xenophobic rabble-rouser
GYSMAN	Social rebel and KK's friend
SAM	An African from broader Africa

1

MERCY	SAM's daughter
MMALOZI	MAMINA's mother and friend of MAMA MUDU
PRIEST	

PROLOGUE

COMMUNITY OF EDLADLENI: inside MAMA MUDU's house. All in-house action takes place in the one visible room, the second (inner) room is out of sight. The fore-room has a single window on either side with string-hung floral curtains barely fitting the window caveat and a door into the inner room. To the right, is a three-seater sofa and a coffee-table next to it. On the left of the room is the dining/cooking area where one table has a two-plate cooker and some utensils and the other, covered in a plastic table 'cloth', has three chairs around it. The furniture is generally in a worn-out state but the house is neat.

MAMA MUDU is lying on a sofa and going through a nightmare in which a snake-like monster with several heads is scrounging around for children to devour. Dreamy ambience, mist and creaking of crickets permeate the room. The monster moves around the house, searching, hissing and puffing smoke. A voice shrieks repeatedly 'Ya nkuka, Ya mpeya!'[1] to the rhythm of monster movements. MAMA becomes intensely fearful and restless, moans and groans as she watches the meandering snake-like monster and finally manages a desperate call to the children and unseen children's voices reply:

MAMA MUDU:	Bana ba ka / My children![2]
CHILDREN:	Mme! Mummy!
MAMA MUDU:	Tlong hae / Come home
CHILDREN:	Rea Tshaba / We fear
MAMA MUDU:	Le Tshabang? / Fear what?
CHILDREN:	Koko *(kgokgo)* / A beast.
MAMA MUDU:	E kae / Where is it?
CHILDREN:	Ke yane / Over there.
MAMA MUDU:	E etsang / What's it doing?
CHILDREN:	Eya ja? / It's eating.
MAMA MUDU:	E ja'ng? / Eating what?
CHILDREN:	Bohobe / Bread
MAMA MUDU:	E futswela ka'ng? / Bread with what?
CHILDREN:	Ka madi / With blood.
MAMA MUDU:	Balehang he / Run then run.

1 From Sotho folklore. This was the call of a person carried away by a hyena to "it picks me, now down" so that rescuers following it in the dark can track the beast.
2 A popular game sequence played by children in various African cultures. It's a sundowner game in which the mother calls for them to come home. They reply that a beast stands in the way and wants to devour them and she bids them run to her. Various Southern African cultures have different versions of it.

Pandemonium as the children scream and scatter for cover and the beast tries to snatch them. All the illusions[3] disappear (run off) as MAMA wakes up with a scream. MMALULU rushes in and MAKI arrives at the same time and the bad blood between them immediately takes over like vultures fighting over MAMA's body.

MAMA: My children, my children, oh my children. I saw it, I saw the beast that's come to eat my children and it went behind and under the Edladleni Hill and the e-Hill moved! I fear for Edladleni, the great sage Khotso Sethuntsha[4] prophesied the rattling of Edladleni Hill. The monster has come!

MMALULU: MAMA, MAMA wake up, it's only a dream. The hill is still in its place. *(turns to MAKI and gives her the eye)*

MAKI: MAMA is in distress, this is not the time. Just not the time.

MMALULU: Family can manage, thank you. Stay in your house and we'll call if we need help. Go.

MAKI: It's my business too. A neighbour is family. *(as she goes out)* You are new in marriage here. Try to break the Edladleni way and you break your own neck.

MMALULU leads MAMA into the inner room. Out in the street passing by MAMA's house, MERCY comes looking around timidly, trying to locate the source of MAMA's screams. And while she wavers around, MAMINA comes in walking with a swagger and snatches MERCY's bag with arrogance.

3   Physicalized and enacted.
4   Famous diviner.

MAMINA:	Ya, you kwere-kwere walking up and down Edladleni streets as if they belong to you. Have you paid your e-tolls?
MERCY:	My what?
MAMINA:	Edladleni tolls. Here you walk, you pay. Double for non-e citizens. *(a distant protest song can be heard and MERCY becomes even more jittery)*
GYSMAN:	*(rushing in)* Hey MAMINA. Stop it, stop it. Now!

As GYSMAN approaches, MAMINA bends on one knee. In a swift manoeuver, he tosses the bag between GYSMAN's legs, goes round to recover the bag, laughs derisively and is out fast. MERCY looks on and walks out in a huff, with GYSMAN after her, his suitor-ship prospects in tatters. The sound of tear-gas being fired, screaming crowds and police sirens in the background and fade into the distance.

SCENE ONE

*MAMA MUDU's house. The small yard has a fence and a gate,
next to which is a post-box perched on a pole. The street runs on
to the left where SAM's spaza shop and the HEADMASTER's
barbershop are. A protest song 'a roba, roba, roba, robe, robe,
robe' comes from unseen protesters. MAMA goes from one
window to another, and peeps. Soon she comes out to the gate as
MAMINA goes past toyi-toyi-ing.*

MAMA: Hey, what's the protest about this time?

MAMINA: Protests are about protesting, finish and klaar. I'm
           going to burn a school this today.

MAMA: Burn a school for children!

MAMINA: *(approaching her threateningly)* Or maybe burn
           you? Your house?

*MAMA escapes into her house and peeps to make sure MAMINA
is gone. MAMINA passes on with his toyi-toyi. In the house,*

MAMA turns to chores around the cooking area. LULU comes out of the inner room, tip-toeing and trying to steal out.

MAMA:	*(without turning)* LULUuuuu! Stop right where you are! We aren't animals that brush past each other without a word. Or don't you see me?
LULU:	I can grandma.
MAMA:	So why pass by as if I'm a tree or something? If you still have a mouth, do the right thing.
LULU:	Hello grandma.
MAMA:	Good. Now we can talk. My child, life is like a see-saw people play together. You go, I go, you go, I go. See-saw, see-saw, you see? Now tell me something, where is this early morning rush to?
LULU:	*(racks his brain)* Nowhere.
MAMA:	Nothing like this has ever been heard under the Edladleni Hill. Nowhere! *(chuckles)* Nowhere. Then put off the shoes, put them off and go to your 'nowhere'!
LULU:	Serious grandma?
MAMA:	Nowhere no shoes, makes perfect sense to me. I bought those shoes for school, school LULU, school.
LULU:	*(LULU puts the shoes off angrily)* There! *(undertones)* They have holes in them anyway. *(aloud)* My father said he'll buy me new shoes when he comes. I can see I'm unwanted in this house. My name's just trouble. LULU TROUBLE MUDU. That's me. I should have died while in hospital.

MAMA:	Be careful what you say with your mouth. No my baby no. You know you are the light and love of grandma's heart .... If you stay out of trouble.
LULU:	Stay out of trouble, here in Edladleni? You might as well duck the rain. Next door, a stray bullet, remember? ... it hit ninety-year old JANKI between the eyes, right in their bedroom. And what about MATHABO's baby? Three years old and raped by the uncle in their house. There are holes in houses, not just my shoes.
MAMA:	Better a hole in the sole of your shoe than a hole in your own soul for that would be a gateway to hell. But come my ponki-ponki. Grandma loves you. *(sits him on her knee LULU facing away. She hides the strain and gives him a stalk sweet)* Just don't go out there, it's dangerous.
LULU:	Hector Petersen[5] died so that I can be free. Grandma, I'm born free.
MAMA:	*(pushes him off. LULU falls like a jumping frog)* Born free! Nyon free, nyon free! If that shoe of yours could speak, it would tell a different story. Born free indeed, with holes in your shoe and us suffering like this! Now go, leave the born-free rubbish and go do something useful. Go.

As LULU turns his back, a pain attacks MAMA and brings her to her knees and LULU comes back in a hurry.

MAMA:	I'm OK, go.

---

5 World famous twelve-year-old and first victim of 1976 SOWETO student uprisings.

LULU:	No you aren't ok. MMALULU come quick-quick MAMA is down again. Seems she's nose-bleeding too.
MMALULU:	*(rushing in)* What's the matter? Is she OK?
LULU:	She says so but it looks more like a KO to me.

As MMALULU attends to MAMA, LULU sneaks out.

MMALULU:	*(sniffs around)* MAMA the snuff, the snuff, the snuff. What will KK say when he comes back and finds that I let his mother take snuff? You know these men, all muscle and little brains, when life turns hard on them, they turn to their punching bags – us women. Sit over here MAMA. *(they sit at table in silence for a while and MMALULU serves tea)*
MAMA:	Why must I kiss a stone like a motherless child? My FLORINA – gone to university, on tv for feesmustfall but hasn't been home for I don't know how long. What about KK my son? Mr Hide-and-seek. Our children say the sky is the limit but at the end of the day we all end up down under. *(points and pauses)* I do feel for you too, but KK will return my child. Trust in God.
MMALULU:	MAMA you've been saying that for years now. Keep God out of it because KK won't return. I fear he may come back in a coffin. And then what? I'd have to raise his child alone.
MAMA:	It's true that a mother holds the blade-end of the knife. But even then, children aren't doe that you raise with yeast. It is families and communities that raise children. Raise a child alone? Is that why these days you go in and out at night like a doomed fly? Bzzz in, bzzz out.

MMALULU:	Too bad if MAKI now feeds you e-news. Did she also tell you that they caught her stealing clothes off Pono's washing line?
MAMA:	Shh. Leave MAKI out of this.
MMALULU:	She is Edladleni news on two legs, with a tongue loose on both ends. But her day is coming, don't you worry. KK is my headache and he seems to like his friend GYSMAN more than he cares for us.
MAMA:	That is why you act as you do, like a stray dog? You'll get hurt.
MMALULU:	MAMA I'm a grown woman remember?
MAMA:	And what is a grown woman doing in my house? Grown woman, haaa! Look, at my head. Have you ever heard me say I'm a grown woman? Trees grow tall and away from the soil that holds and feeds them, but people grow sideways to link up with other people. To grow is to close and not open gaps between people because people need other people to be people. That is our way, the e-way.

SAM bursts into the house, scrambles around for a place to hide, and finally disappears into the inner room. The women scream upon his entrance, chairs topple over. A moment later they recollect themselves for a confrontation.

MAMA:	Hey you in there, who are you?
SAM:	I am Mister SAM of the spaza shop.
MAMA:	Do you know anybody in this house?
SAM:	Yes,... I mean no.

MMALULU:	Yes and no? Boiling water, boiling water will fix the delela[6] spy.
SAM:	No, no, no, no please.
MAMA:	Come out! Or else in a wink of an eye, ten men will come down the e-Hill, men from Vlakplaas that have no sense of humour. When they rattle you, your mummy will feel it ten thousand k's away. Five, Four, Three, two, w...

SAM bursts out and the two women scamper and fall over. They rise and SAM sits crouching.

SAM:	Please believe me, I'm not a bad person. Don't fear me. Some people were chasing me, wanted to kill me.
MMALULU:	What for?
SAM:	They say I'm a KK.
MAMA:	KK?
SAM:	Kwere-kwere. That's what these Edladleni-people call us. They beat us, take our things, burn our shops because they say we take their jobs, businesses, women, sell drugs ... when the e-mob comes, it's time to run. They kill MAMA.
MMALULU:	Why don't you go sell drugs in your country?
SAM:	I am an innocent clean-leaving man. I don't do drugs, never touched drugs in my life.
MMALULU:	The best we can do him is call an ambulance.
SAM:	No, not an ambulance.
MMALULU:	The police then.

6 Disrespectful

SAM:	I pray you, not the police. Their bribe bag has no bottom and never gets full-ooo.
MMALULU:	MAMA this man is trouble, real bad news. No to police, no to ambulance. What does he want?
MAMA:	People.
MMALULU:	People? What are you saying MAMA? He is running away from e-people.
MAMA:	You mean the hyenas out there?
MMALULU:	MAMA we are people too, e-grassroots! As if it's not enough to sell drugs, now they hound us out of our houses. I'm out of here. You don't know what you are doing. *(she goes out when she hears a noise)*
MAMA:	*(cocks her ears)* You stay where you are. *(after MMALULU)* Have you ever seen this man in here with drugs? There are more ways of looking at things than through the two eyes in your face.

Outside a noisy mob is on the search and throw stones on top of the house while others mill around. MAMA pushes SAM into the inner room and goes out to face them at the gate.

KNOCKER:	Do you have any kwere-kwere in there?
MAMA:	Greet first, where are your manners? Then show your face and tell me your name. I am MAMA MUDU and my son is KK and he will want to know who was here. MAKI!! Come identify this boy! *(they run away and SAM comes out to thank MAMA. But more footsteps are heard approaching and SAM dives under the table. LULU enters excited and humming a tune)*

13

LULU:	Blood, grandma, blood in the house! Have you been nose-bleeding again. No? Then whose blood is this? Is KK here, is my father here at last! MAMAaaaa! I dreamt about him. *(gets excited, follows the trail and lifts the table cloth and SAM comes out from under the table)* This man is here! They are looting and burning his shop right now, and the smoke is rising like a snake reaching for the clouds. MAMA you are playing with fire. Send him out.
MAMA:	No.
LULU:	MAMA why are you doing this? They will hit the bird along with the bush. Hei you *(talking to SAM)* this is my family.
MAMA:	Only a hyena will throw a person to other hyenas to kill.
LULU:	Decide whether you are with the hyenas or with me. *(LULU picks up a broom-stick, enlarges himself and blocks the door with his body)* He is not going to sleep in here. That I guarantee. *(MAMA walks up to him and stands facing him eyeball-to-eyeball. After a while, LULU's bravado dissolves under the stare of MAMA eyes and he opens his palms to let the stick drop. MAMA embraces him)*
MAMA:	His blood is on our floor, let's not have it on our hands as well. I understand my child, it's very hard and hurting for all of us. Your father will return. KK will come home. *(LULU goes out, meets MAMINA outside who clandestinely hands him drugs and they go separate ways. MAMA takes SAM back into the inner room but SAM comes out when he hears his daughter calling his name)*

SAM:	I'm going out MAMA, it's my daughter MERCY. I'm going out.
MAMA:	Don't, they'll kill you.
SAM:	They rather kill me, that's my daughter. She's writing exams soon. Bye MAMA and thank you. Say a prayer for me.
MAMA:	Go, there are better, more honest ways to serve God than words out of a human mouth. Your love for your daughter is prayer. Go.

Outside, SAM and MERCY unite emotionally and caress.

MERCY:	Oh papa, I thought they killed you. Thank God. But now papa what is this? *(seeing his wounds)* Papa you are hurt, let's go home before it's too late.
SAM:	MERCY we can't go home. Don't break my heart, we can't go home, you know that.
MERCY:	But for us it's from the frying pan into the fire, from under-dogs at home to real dogs here. Papa let's just go. There is no God here. Let's just go, let's go home papa-ooooo. *(her crying is broken by a mob shouting. They run out holding hands)*

SCENE TWO

The HEADMASTER's Shosholoza Shavers, a shelter at a busy street corner. The board says: "The HEADMASTER – Does Your Head While U Wait". He rings a school-type bell and sings to the passing crowds. Meanwhile, GYSMAN walks in for a haircut, carrying a newspaper. KK enters, disguised and wears a cap and a scarf. GYSMAN signals the HEADMASTER to give them privacy and the HEADMASTER looks at KK's stern face and cooperates. The HEADMASTER goes out but can be seen eavesdropping.

KK: Where's the car, GYSMAN my friend? The owner wants it back and don't give me more stories because this is getting serious. Fannie won't take any more stories.

GYSMAN: KK, I already told you. I parked the car and in the morning it was gone. What am I to do? I still have the keys, here. *(hands them over)*

KK: Now there's a job which needs a car and there's no car, a real juicy job. Fannie is mad and dangerous! Do something and do it fast or else somebody is going to get hurt.

The HEADMASTER re-enters, juggling the tools of his trade.

HEADMASTER: So you boys still go around killing people and taking their stuff? Why don't you retire? Or are you waiting for a gunshot to do it for you?

KK: What, me retire? And go back to a dog's life? We live like dogs.

HEADMASTER: So we live like dogs now, eh? But to live like a dog doesn't make me a dog. Does it KK? That would mean dogs that live like people are people.

KK: Exactly. It's a problem for me, a big problem when dogs are made people and people are made dogs. Look at us. Freedom, freedom, freedom sy shit maan! Same country, dogs got Medical Aid and people eat mud. LULU-boy's shoe? That hole in the sole is big enough for a mole to go through.

HEADMASTER: Don't moan, mend the hole and the shoe shall be whole again. Things gone wrong can be put right.

KK: You make it sound so easy . But we're so deprived it's not funny.

HEADMASTER: Deprived KK but not depraved, and that's not the same thing. We are a strong people. That's how come we stand intact after years of oppression.

KK: I look at myself I don't like what I see. I look all around me, my house, my mother, my son, my neighbour, my future. It's bad, it's not right. What's so intact about that?

HEADMASTER:	You are responsible for your actions and fate. And you know it KK.
KK:	Am I?
HEADMASTER:	As Bishop Tutu says 'Even though I have nothing, I have everything if only I believe'.
KK:	Thank you, at last I know why the poor are so rich.
HEADMASTER:	That's sarcastic.
KK:	Forget sarcastic. In the store you pick and pay, not pick and pray. If the poor have everything, then it must be things like that gaping hole in LULU's shoe? We are poverty-rich in freedom. Yet we still say we're free.
HEADMASTER:	KK, to you freedom is everything and you're chasing shadows because you're anchored in nothing. Nothing inside here *(hand on chest)* chasing everything out there to nowhere. Hollow people, shadows chasing shadows.
KK:	Ok, that makes Edladleni a camp of shadows and scavengers; no work, no pride, no purpose, no prospects, no hope. Just miserable crowds with begging bowls to collect monthly crumbs enough just to keep body and soul together and breathe; ... breathing and voting, voting and breathing, *(repeats with increasing speed and intensity till he runs out of breath)* That's all we are good for. How can a hungry man vote sensibly?
HEADMASTER:	I agree we've been let down KK but the 'let down' ought to inspire you to be a better person instead of an excuse to wallow in the mud. The world owes you nothing KK. You got to find food for your own mouth.

KK: Where is my farm?

HEADMASTER: You farm is your hands and your brain. The greatest resource in the world is resourcefulness KK. Not what you don't have but what you do have, however little it may be. If you don't see that you'll continue to go around bothering and blaming other people till kingdom burst.

GYSMAN: Don't worry, we don't bother people. Just pruning and relieving them of excess baggage. What do you say to that one, HEADMASTER? We have thrown away the manacles of freedom and bought teeth to bite with.

A loud hue-and-cry rises from the neighbourhood and approaches. Whistles blow. The HEADMASTER, GYSMAN and KK are fearful and run around the space.

KK: GYSMAN, that's the sound of freedom. Run for freedom is coming. Go man go. *(GYSMAN puts money in the HEADMASTER's palm and makes to leave)*

HEADMASTER: GYSMAN! This money is not enough. You have to top this up!

GYSMAN: You'll find it under your pillow tonight.

HEADMASTER: Go smart boy. I have your hair here. You'll see. You are booking a hole in the graveyard. *(as he goes out, GYSMAN walks up to MERCY in the street)*

GYSMAN: MERCY, who is that man you were talking to?

MERCY: He was asking for directions.

GYSMAN: Directions that make both of you smile and talk for ten minutes!

MERCY: His name is Fannie and he was asking about KK. He also asked where he can find LULU. GYSMAN what's wrong with you, he said he is your friend.

GYSMAN: Fannie? My friend? With a gun and looking for KK and LULU! *(he runs after the man, folding his shirt-sleeves)* Hei my friend, come back here. My friend! My funny friend! KK lent the car to me! Come get it! *(MERCY follows him out)*

SCENE THREE

MAMA MUDU waits at the gate watching passers-by brush past.
A street PREACHER comes along and sets up in front of her house.
A small crowd of admirers builds up and sings hymns with holy
gusto. MAMINA worms his way into the crowd and joins in the
action.

PREACHER: People of Edladleni I have been sent from up
                       high to warn you. You are covered in the grime of
                       crime. Murder, robbery, rape, insolence you find
                       it in Edladleni. All covered in a blanket of sin. Sin
                       has put a pin at the door of your heart. When
                       God comes, access denied into your dark soul.
                       God is watching from the top of Edladleni Hill.
                       The day he comes marching down, where will
                       you hide your head?

MAMINA approaches the PRIEST from the back, drops him to the
floor and takes his phone. The congregation chases him one way
but they return with MAMINA being the chaser, wielding a knife
and chases them all the way out. When MAMINA returns from

21

chasing them, the PRIEST chases him but is out-run and fires an insult.

PRIEST: Msono ka nyoko![7]

MAMA: *(coming closer)* Mfundisi, PRIEST what did you just say?

PRIEST: *(head hanging)* Nothing MAMA.

MAMA: Say that nothing again for me.

PRIEST: I saw you in New York! That's what I told him MAMA.

MAMA slaps her hands together in despair and turns away.

PRIEST: So you laugh. One of you takes my phone and you laugh? Your sins are building up like the flood till it drowns you. This time you have gone too far, attacked an innocent man SAM. The wounds on his head will take fifteen days to heal, fifteen. And if they heal on their own and you do nothing about it, a disaster shall befall Edladleni. Wait and watch. We are now at day twelve. *(as he walks out, MMALULU walks in, in an offstage tussle with a child, who breaks free and escapes)*

MAKI: *(fires a final missile)* Haaaaa, you Vuilgoed![8] You think I am a CEO? These children MAMA MUDU, these children.

MAMA MUDU: Go on I'm listening. What about my children?

MAKI: Not yours this time.

---

7   VERY bad vulgarity (in isi-Zulu) but sounds like 'I saw you in New York' when said fast.
8   Dirt.

MAMA:	Go on.
MAKI:	That boy of mine again. He just broke and ran away right on your doorstep. For weeks *(mimics scornfully)* 'nywables, nywables, nywables MAMA buy me marbles, every boy in our street has them' nagging me like a flea. Now where are these nywables as I speak? Tell me.
MAMA MUDU:	MAKI, you are talking to me and not your son.
MAKI:	Gone, I tell you gone, mphhh! Disappeared into thin air like a fa...
MAMA MUDU:	Hooooo! Don't say that here!
MAKI:	Sorry MAMA. The boy says LULU has the marbles I bought for him. Now he's run off. Proves he was lying. The boy is like a stalk-borer in my brain.
MAMA MUDU:	No, he isn't lying I saw the marbles.
MAKI:	You did?
MAMA MUDU:	More marbles than is good for one boy to have. LULUuuu!
LULU:	*(comes out)* I won.
MAMA MUDU:	So you've been listening in, eh? LULU if you don't know how to play with other children, will you play alone like a snake? Come here!
LULU:	*(retreating)* Mmm-mm grandma, mmm-mm.
MAKI:	But MAMA who buys these things, us *skepsels*[9]. Money down the drain if you ask me. Hard on a single parent like me with a migraine too, a king size migraine

9   Us poor parents

LULU: You win, you take all. That's how it goes, grandma, fair and square. Enterprise they call it at school.

MAMA MUDU: He's just using school, no sane adult can teach such things to children. LULU, how many marbles do you have in there now?

LULU: Thirty.

MAMA MUDU: And other children got nothing! Then give twenty-five back to her.

LULU: But grandma they're mine now ...

MAMA MUDU: You are mad to say they are yours. I will beat you into pulp.

MAKI: MAMA enough. You know you can be arrested for that.

MAMA MUDU: For what? Let them go arrest my culture not me. You straighten a stick while it's wet and supple. Why is my culture forced to play second fiddle? No I won't take it.

LULU: You said you love me.

MAMA MUDU: Not at the expense of other children. Those who want to take everything for themselves alone, end up with nothing, a well-deserved nothing. (LULU runs away)

MAMA MUDU sinks into a chair and heaves. The HEADMASTER walks in.

MAMA MUDU: MAKI, the hurt of motherhood, the hurt, the hurt. My children pain me and I feel like there are forces pulling them away from me. I saw it in my dream. Now this small one is picking up these habits. Edladleni Hill, open up and swallow me!

HEADMASTER: You aren't alone in that MAMA. Instead of a gentle wind, freedom comes to our children as a raging storm which dislodges them from who they are. I can't say that I don't want freedom but I also can't say it's doing us any good either.

MAKI: Now we know that freedom is a Lucky Packet, some score big, some pull out a dud. We play the lotto every week, lose our money but not our smile. Life goes on.

HEADMASTER: We lost but we are losers that think they won. Because if we won, why all this suffering still? Why all this moral degeneration?

MAKI: I suppose that's how people are ....

HEADMASTER: Don't say so MAKI because that's certainly not how people are. It's a distortion. You think God made the person who rapes a three-year-old and one who puts a cat in a micro-wave oven and turns it on to force the owner to give him money?

MAKI: Every house comes with a toilet. Look at these gun-men and gun-women who shot people in France just the other day. People at play and suddenly ratatatatatat!

MAMA MUDU: We are a different people. God uses clay to make people but clay can be re-shaped into anything. So all things made up there can be re-made down here. You know something? A bird in hand is worth two in the bush. We had our culture, our own system of values that shaped and made us who we are and saw us through the hardest times. But as we went searching for freedom, I'm afraid we took our eyes off the ball and the baking oven of our culture went cold. We have no

25

MAKI: ground left under our feet and are standing on a monster.

MAKI: Understandably. Then was then and nothing mattered but freedom.

HEADMASTER: True, but freedom was never ever going to do anything for anybody. It's people who are supposed to do things with freedom and not freedom do things for them. If you aren't freedom-ready, then you're out so to speak. Politicians knew what they were going to do with freedom. The common man is a passenger on a bus whose destination he doesn't know.

MAKI: Right you are! We shouldn't cry too much. After freedom, it's every man for himself and let the Devil catch the hindmost.

HEADMASTER: Yes MAKI but there is another way left and the door is closing on it. It is to re-kindle the furnace of our culture, stoke the fires.

MAKI: Too late. I have to go now but I'm only a shout away if you need me MAMA. We must go and wash Ma-Lozi and massage her too before the end of the week.

HEADMASTER: I hear they want to banish food at funerals.

MAKI: Yes, to cut expenses.

MAMA MUDU: Cut expenses and cut the lifeline for so many? Food at funerals is a social security safety net to guarantee a meal for the most vulnerable in the community where the unemployed and unemployable, outcasts from the stone economy can barter their labour. Don't follow other cultures without carefully thinking first and this education is leading our children down the drain. It's like a monster swallowing our children and turning them into strangers to us. *(the HEADMASTER leaves)* MAKI please ask around if anyone has seen my children. Promise me.

MAKI: I promise. MAMA I had another reason for coming. But I wanted the HEADMASTER to leave first. You know him, too talkative. *(pulls out Edladleni Times from her bag and holds it behind her back)*

MAMA: MAKI let me see.

MAKI: Smile for me first, I want to see your back teeth and that girly dimple. Ok MAMA, you sit here crying but your children are famous. *(shows her the paper)* FLORINA feesmustfall look at her pulling from the front. But there's more. Look KK, his picture in colour in a newspaper! *(they dance around and ululate and kiss the paper till MMALULU comes in)*

MMALULU: This woman! How come she always visits around meal-times? Don't you see she's cheating you?

MAMA MUDU: Well, would you rather she stays in her house and die of hunger? I won't have a neighbour die of hunger right on my doorstep. What'll people think of me? Now look what she brought.

MMALULU takes the paper, studies it in silence for a while and throws it down.

MMALULU: You must go to night school and resign from gossip school. Don't just look at pictures, read! MAMA this paper says KK is wanted for armed robbery. That's what these pictures are for, very bad news, not for the alililiiiii you've been doing. *(they turn to see MMALOZI standing in the room and none had seen her come in. Something in her demeanour puts fear into them. MMALULU goes to MAMA and holds on to her and MAMA holds her too)*

MAMA: MMALOZI have you become a witch? Where did you drop from and why do you look like that?

MMALOZI: The news is heavy and I'm so sorry that I should be the one to bring it.

MAMA: Go MMALOZI go! I don't want to hear it. *(she gets near-hysterical)* MAKI lead her out and see her into the street. Do as I say! *(MAKI leads MMALOZI away and out. MAMA AND MMALULU go into the inner room without a further word between them. MAMA keeps muttering 'my children')*

INTERLUDE: LULU's FUNERAL

*MAMA MUDU's house. A funeral is in progress. MAMA,
MMALULU, MMALOZI AND MAKI sit together as the main
mourners and their supporters. In attendance is also FLORINA
GYSMAN, HEADMASTER, MAMINA. The Edlen Choral Group (ECG)
leads the mourners in singing hymns. The coffin comes out and is
placed in the house, led by the PRIEST.*

PRIEST: People of Edladleni I warned you and you did
              nothing. SAM's wounds are healing, the heal is
              moving towards the deadline and it's now too
              late. Today we bury LULUBOY, only twelve years
              old and with a bullet hole in his belly. In his
              pocket, we found a note that says 'Dear KK this is
              a friendly reminder on your birthday, my car, my
              car, my car. Your birthday is your child's death
              day'. How cruel, how vulgar, how insensitive can
              that be! It can only come from a heart of stone.

Once Edladleni hill was blessed because in days gone by it was the landing pad of the gods when they visited earth. But today it is a curse. Hands that rock the cradle next dig the grave. How far shall this go? Today is not yesterday. Yesterday was time to talk, today is the time to walk, walk to a gaping grave, of LULU so young, so dead. The road is long and the load is heavy. Sad to say the chickens have come back home to roost. Now let us take this boy to his final resting place. *(they carry the coffin out)*

SCENE FOUR

The Barber SHOP: the HEADMASTER is working on the head of a client. MAMINA enters and busies himself with cards. He shows impatience and the HEADMASTER has to calm him down several times. FLORINA finally enters and takes a seat. The HEADMASTER finishes his task, sees the client out, takes long to return. Meanwhile, MAMINA and FLORINA get talking.

MAMINA: Let's get straight to the point. The houses the government gives us aren't enough and many are cracking. So we go burn the library and the water strike must go to a higher level. Are you guys in?

FLORINA: Wait, wait. The houses are cracking so you want to burn the library. Did you say that?

MAMINA: Ya. So the strike goes to a new level.

FLORINA: Mhmm. What level is that?

MAMINA: Open all the taps, break them open. Let God's water flow. They say no to water – we should do it twice over, sprinkle the streets to kill the dust, spray houses, cars, anything and everything. You get tysis breathing our air. Water belongs to God. Let the children play with it.

FLORINA: You have quite a scambana of issues already. Houses not enough, houses cracking, burn library, water strike, breaking pipes. Hooo! Now can you deal with them one by one, I don't see the connection.

MAMINA: I am the connection.

FLORINA: A very loose one. A leader doesn't jump from one thing to another like a flea.

MAMINA: Me a flea! Who are you to cross words with me? My word here is gospel, you hear me?

FLORINA: Lets put it this way, you don't know me, I don't know you. Fifty-fifty.

MAMINA: Voetsek!

FLORINA: Voetsek too. I don't go to your church so your gospel is nothing to me. Who sent this worm to talk to me?

HEADMASTER: *(entering)* Oh sorry, I thought you knew each other. She's FLORINA, MAMA MUDU's girl.

FLORINA: Child. Make it child.

HEADMASTER: Child. She's new in the committee and is at University.

MAMINA: Feesmustfall, Oh I see. Yes, I saw you on tv. This isn't feesmustfall. You think you're a star with your copy-cat Yizo-Yizo feesmustfall of cheese-boys and cheese-girl coconuts usurping the real stuff. Feesmustfall is a tv show, it's acting.

FLORINA: Feesmustfall isn't football or jiving or hooliganism. It's a different pair of shoes and you better say it with respect.

MAMINA: Candas, is fifty-fifty a boy or a girl?

FLORINA: None of your business. Just glad I'm not you. Water is life, God's gift to the children of South Africa, Africa and the World and that's more reason why we should protect it.

MAMINA: You protect, what'll the police do?

FLORINA: Catch scoundrels like you, lock them up and throw away the key. Then they can join us in planting trees. You want to waste water and call yourself a leader. You are a walking shame.

MAMINA: Me a walking shame! What of these homosexuals and all these funny people ...

HEADMASTER: MAMINA! Don't go there. That's not the point.

MAMINA: It's not me, it was on tv. Shembe just said yesterday that they're bringers of droughts and disasters. We got to fix them, put them right. The king said so too and all these foreigners who steal our jobs, bring drugs here and crime. You are nothing.

FLORINA: You are broken and need fixing that's why you're leaking all that nonsense. *(sniffs)* And water has other uses besides drinking. Use it before crowding people.

MAMINA: Listen girlie, I killed two men and did time for one in Sun City. The digging fork went right through his heart. I saw his eyes roll over and his legs kick. I killed him ... what do you say, I killed him cum laude. I've hassled men far bigger than

33

you. *(gets aggressive)* I can teach you how to be a girl, right now. We've sorted many like you. A girl is a girl. *(a scuffle follows and MMALOZI enters to intervene timely)* She struck me. *(pulls out a knife)*

MMALOZI: What's going on and *(to the HEADMASTER)* why are you looking on? For heaven's sake, this boy's got a knife. Bring those trousers here if you aren't a man.

MAMINA: Don't call me a boy here.

MMALOZI: What are you? Tell me. Surely not a man. A real man is a father and brother. A real man's full of respect, doesn't carry a knife around to terrorise women. A real man is dignified, responsible. And you, sies!

HEADMASTER: *(pulls out a whip)* Leave him to me now. You stop that right now or I'll spoil your face so bad that people will identify you by your bums. *(he bellows)* Boyyyyyyyy! You're a boy my boy.

MAMINA: You are a master of stupid heads and not of Edladleni.

But MAMINA calms down as the menacing HEADMASTER shows he means business.

HEADMASTER: This whip's got vitamin D to deal definitively with dunderhead dudes like you. It makes the maddest boy come right voetsek! *(MAMINA is startled, drops the knife and retreats. FLORINA follows him round and round)*

FLORINA: You won't waste any water here. Look how we live, barren god-forsaken patches. The rich

34

suburbs are world-famous forests and forests of trees, leafy trees and grass. Planted by us for other people. But here even birds are beginning to run away. That's what we must fight for - life. And we'll repair houses and build libraries not burn them. Charity begins at home and EdladleniMust Rise!

MAMINA: This is war.

FLORINA: We have a war too, a war of survival to save the earth. In that war, wasting water is the worst war crime. You yourself are made of water. So tuck your ignorant tail between your stupid legs and go! *(the HEADMASTER chases MAMINA and pursues him out)*

MMALOZI: Leave the idiot alone.

FLORINA: Did you hear the good news in all these hard times? SAM'S wounds, remember SAM? They say his wounds have almost healed. *(MMALOZI staggers at the news as if struck and dazed repeatedly muttering 'SAM's wounds')*

MMALOZI: *(softly)* I went to see a sangoma. *(she goes into a Sangoma sequence. The mists come up and the thunder roars as she playacts the Sangoma and screams)* The wounds you dug on SAM's head are coming back at you. Each wound that you dug is a grave, and the grave is a gaping mouth of a monster that will swallow the children of Edladleni. From the womb straight to the tomb. From the womb straight to the tomb till graves are filled with the children of Edladleni. Unless, unless, unless ... *(she still seems dazed and confused)*

FLORINA:	Unless what?
MMALOZI:	*(walking away)* He didn't tell me any more.
FLORINA:	Do you believe him?
MMALOZI:	How can I not? He told me KK was going to go mad.
FLORINA:	Did he? Was it before KK went mad? *(MMALOZI nods, pain in her face)* Why didn't you tell MAMA?
MMALOZI:	Your mother has become a tigress. Her children ruined a good woman. *(pause)* I went to her house to warn her about KK but she sent me away. Even before I could speak she was on me, kicked me out in fact. LULU died around the same time and to this day, she still thinks I came to tell her about LULU's death. But at that time, I didn't even know LULU was dead. *(they go out)*

SCENE FIVE

A mob walks past MAMA's house armed to the teeth and hunting for foreigners. They see SAM through his kiosk window and throw missiles at him. SAM ducks and the mob goes round to meet him. SAM comes out running holding MERCY by the hand and run towards MAMA's house but another section of the mob beats them back and they are cornered. SAM fights his way through and escapes but MERCY falls and is surrounded by a baying mob. FLORINA comes out running.

FLORINA:	What has he done?
MAMINA:	She.
FLORINA:	She? Is she a thief? Bag snatcher?
MAMINA:	No.
FLORINA:	A witch?
MAMINA:	No.
FLORINA:	A murderer?

MAMINA: No.

HEADMASTER: Impimpi?

MAMINA: No.

FLORINA: What then?

MAMINA: A kwere-kwere.

FLORINA: What!

MAMINA draws a knife and approaches FLORINA. FLORINA runs into the house crying 'MAMA!!'

MAMINA: Every dog has its day. I told you. *(stabs MERCY as FLORINA comes running)*

MAMA MUDU ploughs through the crowd to reach the victim, bends down to help lay her out and close her eyes. She covers the body with her own shawl. MAMA MUDU embraces the victim.

MAMA MUDU: She's gone. *(sign of the cross)* A violent death for such a gentle creature! How can people do this? Where in the human heart does this come from? Who did this?

SILENCE.

MAMA MUDU: So stones were cast, stones and stones and every stone a first stone. An African child, killed on African soil under the African sun; killed by other Africans for being African! Hao Ma-Afrika wethu! Christmas is coming and her family expects her to come home. But she won't arrive because Edladleni has murdered her. A many-headed monster lurks amongst us.

FLORINA: You all killed him. You, you, you and you. *(they cower and hide as she points)* Is this our way?

(they overpower him and put a tyre around his neck)

FLORINA: We say it's the job of the police because we have outsourced our souls and consciences. Is this right?

SILENCE.

FLORINA: *(confrontationally)* Is this right, I ask of you!

Voices: No.

FLORINA: When a whole community folds its hands and stands by while blood is spilled in their name. That is complicity. And we go home each time to our children and pretend to be human, dragging bad luck into our own houses. No wonder there's rain. We are killing our own freedom because freedom doesn't grow on filth.

SILENCE.

FLORINA: What happened to our humanity? The only way to be truly happy is to make the next person happy; the only way to have peace is to give peace; I live well when you live well and because you live well.

Crowd: Hmm, hmmm, hmmmm.

FLORINA: That woman there is dead and gone but death isn't about the dead, it's about the living. About we whose humanity has been dented and souls polluted by this act. I know that from somewhere deep in you, in our culture and in our soul, somewhere deeper than sticks and stones can reach a voice says this isn't us. This isn't us. Give that voice a chance, amplify it. *(pause)* Or perhaps we should just kill this dog.

MAMA MUDU: No, don't. Flori, that power you wield now, don't use it that way my child, don't. It's one of the heads of the monster devouring our children. Right becomes wrong if not wise as well. *(aloud)* This fire and tyre justice isn't our way, never was. Our humanity doesn't allow that. The things you do to others also do something to you, and when you are finished with him you may be finished along with him. Him you can kill and bury, hide him under a heap of soil but the shameful heap shall be part of our landscape; you are in a hurry to bury the problem instead of dealing with it because he reflects us back to ourselves. But there's no grave deep enough to bury the beast. There is a monster amongst us and we must find that monster.

FLORINA: *(looks him up and down)* His trousers are wet, yet there's no rain. How brave! Why didn't his fore-seeing mother foresee this.

MAMA MUDU: My child the eye does not see itself. You are hurt and want to hurt, that is the monster ruining us all. There comes MMALOZI, make way for her and remember her pain is our pain, her shame our shame, her hurt our hurt.

MMALOZI walks through into the centre of the human circle, leaning heavily on a stick. She takes time, walking with some difficulty. She goes to the corpse, uncovers its face and bows in respect. She walks towards her son, stops in front of him, looks him long in the eye and without a word, spits on him.

MMALOZI: Each one of you, gather the stones that murdered this girl and every weapon used. Put them in heap and shape the heap like a human heart to give Edladleni the heart it does not have. Put them in the heap so that no one forgets what happened here today. It is a heap of shame.

SAM arrives skirts the circle of people, sees MERCY in the middle and sends out a heart-rending cry, laments and prays over the body of his child, picks it up and sings the dirge 'I'm going home to die no more'. He walks out followed by everybody.

EPILOGUE

The continuous roar of an earthquake. All goes dark and there is smoke and mist. People run around in confusion, screaming and colliing. The sound suddenly stops.

Voice: What's going on?

Voices: An earthquake!!

MMALOZI: Our e-Hill has moved and shaken. But this is not just an earthquake. It is Steve Bantu Biko, he is rattling and turning in his grave, rattling in his grave, rattling the grave in anger to see how heartless the people he died for have become.

– END –

JO BANA
BA MAMMA MUDU!

– Masitha Hoeane –

DIBAPADI

MAMA MUDU (MAMA)	Nkgono ya dulang EDLADLENI
KK	Mora wa Mama Mudu
MMALULU	Mohatsa KK
FLORINA	Moradi wa Mama
LULU	Mora wa KK le Mmalulu, setloholo sa Mama
MAKI	Mohaisane wa Mama
MMALOZI	Thaka ya Mama motseng
HEADMASTER	Monna ya kutang moriri
GYSMAN	Motswalle wa KK
MAMINA	Tsotsi le ra-merusu, mora wa Mmalozi
SAM	Mo-Africa ya tswang kantle
MERCY	Moradi wa SAM
MORUTI	

SELELEKELA/HLATSWA SEBAYE

EDLADLENI: Sethaleng re bona kamore ya ho dula ka har'a ntlo ya MAMA MUDU. Leboteng le morao la kamore ho na le lemati le kenang kamoreng enngwe e sa bonahaleng. Mahlakoreng ke festere lebota ka leng. Ka ho le letona, re bona sofa e dulang batho ba bararo le tafolana ya kofi pela yona. Ka ho le letshehadi re bona tafole ya ho jela le ditulo tsa yona. Pela tafole eo ho na le engwe hape moo ho behilweng setofo sa 'hot plate' le dipitsa.

Kantle, tsela e feta kapel'a heke ya moo ebile e fetela spaza shop sa SAM ka tsohong le letshehadi. Lephephe la HEADMASTER le pela spaza shop.

MAMA MUDU o robetse hodima setulo sa sofa. O ntse a phofa, a etsa lerata a bile a lla. Torong ya hae, a bona phoofolo-mohlolo, ntho e kang noha e hlooho dingata ebile e butswela mosi ka dinko, e thamola melalana ho leka ho qhautsa bana. Kae-kae har'a mafifi, lentswe le phefa, le tletseng tshabo la nna la howa kgafetsa le re 'Ya nkuka, ya mpea', Mosadi-moholo a sehwa ke letswala a hwelehetsa bana. Phoofolo yona e ne e tsamaya sa lefokolodi, e ikonka e etsa methinya e lebang kwana ke kwana, e kgantsha kgora le dikgoka.

MAMA:	Bana! Bana ba ka wee!
BANA:	Mme!
MAMA:	Tlong hae.
BANA:	Rea tshaba.
MAMA:	Le tshaba eng?
BANA:	Koko.
MAMA:	E hokae?
BANA:	Ke ena.
MAMA:	E etsang?
BANA:	E ya ja.
MAMA:	E-ja eng?
BANA:	Nama.
MAMA:	E futswela ka eng?
BANA:	Madi.
MAMA:	Balehang hee!

Pherekana ya eba ngata ya bana ba balehang, le noha ya qhalakana ya leka ho ba tshwara. MAMA a phaphama a le seboko. Hang-hang ngwetsi ya hae MMALULU ya kena e potlakile, MMALULU a fihlellana le mohaisane MAKI eo le yena a phallang. Empa bobedi ba qala ho qhwebeshana hobane ele batho ba ntseng ba sa utlwane.

MAMA:	Ke eo, ke eo! Jo bana ba ka wee! Noha e hlooho di ngata-ngata. Ke eo e tla, bitsang bana! LULUuuu! Ke yane e ipata tlasa thaba ya

	Edladleni, thaba ebile eya sisinyeha. Ke eo eya baneng, joo batho nthuseng!
MMALULU:	MAMA tsoha hle ntho ena ke toro. Ke toro tsoha! *(a sisinya MAMA, a sheba MAKI hampe ha eo a leka ho thetsa MAMA le yena)*
MAKI:	Ha ke batle ditaba, nna le MAMA re bahaisane rea phedisana, re tsamaisana tsela ya bophelo. Kgaohana le nna.
MMALULU:	O itshunya-tshunya le moo ho sa hlokahaleng MAKI. Tsamaya mosadi o tla bitswa ha re ka o hloka. Hata kosene.
MAKI:	Wena o thole hobane o ngwetsi e fihlang maobanenyana mona empa o shebahala o batla ho di hula pele. Hlokomela o se ikgate molala. Ke Edladleni mona.
MMALULU:	Edladleni e fella hekeng kwana. Katlung ka mona ke ha motho. Tsamaya, re sirohe re ke re heme..
MAKI:	*(a bua a tswa)* Sala, feela tseba hore di pele di morao ausi. Kea bona o mpona ha le benya. Feela o keke wa nkarohanya le MAMA. Moo teng o lebale. *(MAKI a tswa a kgutlela ka ha hae a qathile mohatla. MMALULU yena a thusa MAMA ka ho mo tshehetsa a mo tataisa ho ya ka kamoreng e kahare)*

Seterateng kantle MERCY o tsamaya a qamaka a setse morao seboko sa MAMA. Eitse ha a ntse a raba-raba jwalo, ke ha MAMINA a fihla a phamola mokotla wa hae ho mo qaphatsa.

| MAMINA: | Hee wena kwere-kwere, o ntso ya kwa le kwa o batlang? Na o patetse le di e-toll tjee? |
| MERCY: | Eng? |

MAMINA: Edladleni toll? Ha ho tsamauwe feela ke Gauteng mona. Makwerekwere le qeta le moya ha re sa hema hantle. Bona nka o betsa ka mpama e chesang!

GYSMAN: *(a tla a matha ho tla thusa MERCY)* Hee wena MAMINA o etsang? Fa ngwaneo mokotla wa hae. Mo fe.

MAMINA a betsetsa mokotla pakeng tsa maoto a GYSMAN, a mo pota ka thoko hoya nka mokotla hape, a itsamaela a ntse a supa MERCY ka monwana. GYSMAN a tswa a setse MERCY morao ho mo qekisa. Ka ntle pina ya boipelaetso e binwa ke batho ba sa bonweng. Ka tlung, MAMA a sheba ka di-fenstere, a bona MAMINA a otlela toyi-toyi hodimo. MAMA a tswela ka ntle.

MAMA: Ho ipelaetswa ka eng kajeno?

MAMINA: Hona le taba? Ho teng ke hore nna ke ilo chesa sekolo tsatsing lena jwang kapa jwang.

MAMA: Hee basadi, jwale sekolo sa bana ba rona se chesetswang?

MAMINA: Re etseng? Re tlohele sekolo re chese wena, kapa ntlonyana ena ya hao?

MAMA a balehela ka tlung, MAMINA yena a iphetela ka toyi-toyi ya hae.

PONTSHO YA PELE

Tlung ha MAMA: MAMA o ntse a sebetsana le dipitsa ka tlung mane setofong a furalletse. LULU a hlaha monyakong wa kamore, a nyonyoba hore MAMA a se mo utlwe kapa ho mmona.

MAMA: LULUuuu! Ema hona moo mo o teng. *(LULU a ema kgekgenene, a tenehile)* Ha re diphoofolo tse fetanang feela di sa dumedisane. Kapa ha o mpone?

LULU: Keya o bona nkgono.

MAMA: Jwale? Modimo o o file molomo le kelello ka mabaka. A ko di sebedise. Etsa jwalo ka ha o tshwanela.

LULU: Dumela nkgono.

MAMA: Ekeee, wa bona heee mofokeng e motle. Tumediso e bohlokwa ngwanaka. Jwale kea tseba hore wa mpona, le nna kea o bona mme rea bonana. A ko utlwe ho monate jwang! Jwale mpolelle hee o tatetse kae?

LULU: Achee nkgono, ke ne ke itsamaela feela.

MAMA: Tsamaya feela? Utlwang hle basadi! O bolela hore o tsamaya tjee o ya hodimo le tlase, o solla feela? Jo! Rola dieta tseo hee o hate ka nama.

LULU: Serious?

MAMA: Ebile o mpuela sekgowa? LULU ngwan'aka ke rekile dieta tseo ka bothata, ke di rekela sekolo eseng bahahlaudi ba ntseng be e-ya hodimo le tlase ba sa tsebe moo ba yang teng. Rola dieta hee, rola taba di fele.

LULU: *(a di rola a kwatile a ba a di betsetsa)* Ebile di masoba. Ke hlajwa ke tshehlo ke ntse ke di rwetse. Ntate waka o tla fihla ka dieta tse ntjha. Ebile ha ke ratwe ntlong ena ke ntse ke bona. Ke kgathatso feela ho lona. Hoja ke ne ke ichoelle mohla ke neng ke le sepetlele.

MAMA: Hao eseng jwalo hle ngwana-ngwanake. Tloho ho nkgono hle abu, wa tseba hore o lerato la nkgono akere? *(a mo fa pong-pong e thupeng. LULU a utlwa monate)* Ho mefere-fere kantle ka mona. Ho kotsi, jwale nkgono o batla o bolokehe.

LULU: Hee utlwang nkgono banna, ke bolokehe mo Edladleni? Ho ya showa mona. O sa hopola monna-moholo Janki wa bahaisane ka nqena? A otlwa ke kulo pakeng tsa mahlo a le ka kamoreng yaba ke phetho ke tuu. Ngwana MMATHABO yena? A betwa katlung ke malom'ae, tlung ya bona. Ho ranthane, masoba-soba hoohle eseng dieteng tsa ka feela.

MAMA:	Tlo dule hodima'ka mona. *(LULU a mo dula lengoleng)* Le ha ho le jwalo, ha ke rate ha o ntse tsamaya dibakeng tse sa lokang .
LULU:	Nna ke le born-free, re ikela moo re batlang ka nako eo re e ratang. Born-free!
MAMA	*(a mo sutumetsa LULU a ba a wela fatshe)* Tloha mona! 'Born free' ka dieta tse masoba-soba, re sotlehile tjee? Hoja seeta sa hao se ne se tseba ho bua, se ne tla o jwetsa hore ha hona born-free mona. *(a thola nakwana)* Jwale o ka ikela re buile. Tsamaya o yo bona hore o ka etsang e molemo. Ikele.

Hang ha LULU a furalla, mosadi-moholo a otlwa ke lehlaba a ba a re qi ka lengole fatshe. LULU a kgutlela ho yena.

MAMA:	Ntlohele ha ho na molato. *(a hweshetsa)* Bana ba ka.
LULU:	Mme, mme! Potlaka MAMA ke enwa hape. Ebile o tswa mokola. Tloho hlee! MMALULU, MMALUX! *(MMALULU a kena a potlakile)*
MMALULU:	Ke eng, ho etsahalang mo? Oho! MAMA was bona hee. Senifi sena sa hao. Ho neng ke o jwetsa? KK a ka re ja ka bohale bona boo, haholo-holo nna mosadi wa hae ha a ka tseba hore o ntso tsuba senifi ke ntse ke shebile. Di tla ja nna.

Bobedi bo dula fatshe ho ja lekomo. LULU a tswa ha mmae a etsa teye.

| MAMA: | Ke ana lejwe jwalo ka mosadi ya senang thari empa ke tswetse hakana. Bana ba ntahlile kgerehlwa ke setse ke sena mang wee. O kae |

FLORINA? O bonwa di-televisheneng ka bo-feesmustfal feela hae mona teng ke re le ka mohla. KK yena? O iphetotse setsetse katse e se nang lehae. Bophelo ba kajeno ke kgodumo-dumo e ja bana. *(a kgutsa)* Empa ke beha tshepo ya ka ho Modimo hore ka tsatsi le leng re tla mmona a hlaha.

MMALULU: Kgoho di ka mela meno mme hle, kea hlapanya. Ke re bona *(letshwaho la sefapano)* ha ke dumele le hakana hore KK o sa tla tla. Ho neng o cho jwalo dilemo-lemo! Nna KK ke tetse ka yena, le ha a le teng o shebahala a rata motswalle wa hae GYSMAN ho feta lapa la hae. Eee, kea bona GYSMAN enwa ke yena mosadi wa hae.

MAMA: Butle butle butle. Hopola hore ho na le bana. KK o tla kgutla hle ngwanak'a. eba le tshepo.

MMALULU: Thaba ya Edladleni e ka tsamaya hle! O tla kgutla a tutubetse, a bata po! Letswalo la ka ke ho sala ke hodisa ngwana enwa wa hae ke le mong ka monwana to!

MAMA: Ke nnete ma-ngwana o tshwara thipa ka bohaleng. Empa bana hase hlama e kokomoswang ka tomoso. Bana ba hodiswa ka kopanelo ya batswadi, lelapa le setjhaba ka kakaretso. Batho bao ke bona di-tshiya tsa kgodiso ya ngwana. Re teng, re tla thusa. Feela mosadi ha re ke re komote jwalo ka basadi. Ha ke rate ntho ena ya hao ya bosiu o ntse o tswa o kena, o tswa o kena. Ka tsatsi le leng etlare ha o re phapha, o fumane o thutse thaba ka hlooho.

MMALULU: Hee MAKI o leleme basadi. Ee MAMA ha ke botse le ho botsa, MAKI ke yena feela ya tsamaisang mashano le ditshele. Na tsa hae wa di bua le tsona?   Ba tswa mo kgaoletsa a utswa diphahlo tsa batho tse anehilweng?

MAMA: A ko kgaohane le MAKI o bue taba tsa hao. Ha ho moo MAKI a kena teng tabeng ena.

MMALULU: Kea mo tseba o leleme. Empa hee hoo ha ho re letho. MAMA hle ke hodile ha ke sa le ngwana.

MAMA: O reng na ngwanana? 'e hodile, e hodile'! MMALULU mohla o hodileng o tla thola tuu jwalo ka lefatshe. Re hodile re le tjena empa kgolo ha e re kgwise metsong ya kgodiso ya rona. Hono ho isa lefung. Ntho tse re kopanyang le tsohle tse re fang boleng ba rona ha re di nyahlatse jwalo ka mooko wa pere kapa hona ho di furalla. O keke wa nkutlwa ke ntse ke ikotla sefuba, ke itlhatlhatha ka hore ke hodile, ke hodile.

Thoso! Monna ya dutlang madi a itahlela katlung a ba a re chobe ka kamoreng ya ho robala. MAMA le MMALULU ba etsa lerata, setulo sa wela kwana. Hamoraonyana ba bokeletsa sebetenyana ba atamela lemati la kamore.

MAMA: Hei wena ka moo. Ke haka mona. Hantle-ntle o mang?

SAM: Ke SAM.

MAMA: Tswa molomo monna o tlohele ho nna o hemesela, bua.

SAM: Ke nna wa Spaza shop.

MAMA: Ha o itshohlometsa tjee ntlong yaka, ho na le motho eo o mo tsebang katlung e.

SAM: Eee ... E-e

MMALULU:	Nthoesele ena e re tlodisa kgati. Ha re mo sebetse ka metsi a belang. Ke tla mo bechola a hlanye.
SAM:	Metsi a belang wee! Batho ba Modimo!
MAMA:	Ha o sa tswe, ka ho panya hwa leihlo ho tla kena dinatla, ntja tse mpe tse tswang kwana Vlakplaas. Ho tla senyeha ho ditswe kea o jwetsa. Bao ha ba nke tjotjo. Ba shapa tsotsi hore underpant e lahlehe a ntse a apere borikgwe. Four, three, two, ...w... *(SAM a tswa a betseha ka kamoreng. MAMA o tshoha a ba a wela fatshe, MMALULU a betsa lesokwana)*
SAM:	Ntshwareleng. Ha ke motho a mobe. Batho ba ntse ba ntelekisa.
MAMA:	O tsotsi.
SAM:	E-e MAMA ha ke tsotsi. Ha kea etsa letho.
MAMA:	Tloha mona! Ha ho na batho ba ka o lelekisang feela,
SAM:	Ba re ke KK.
MAMA le MMALULU:	KK?
SAM:	Kwere-kwere. Ba re bitsa makwere-kwere mona Edladleni. Ba ikotlela rona feela tjena, re bo ntetekeng ngwana motshehare of otlwa ke bohle. O hlaha ka mona o hlaha ka mane, ke phafa feela. Ba re re ba nkela mesebetsi, basadi le dikgwebo. Empa nna ha kea etsa motho letho ke le SAM.
MMALULU:	Ere re bitse ambulance.
SAM:	E-e- se ka bitsa ambulance.

MMALULU:	Maponesa hee.
SAM:	Jo, jo, jo. Kea o rapela, eseng bao. Ha ke no kopa tjotjo ya koti ha se tlale.
MMALULU:	MAMA motho enwa ke kgathatso feela. Ha a battle ambulance, ha a battle maponesa. O tla re o batlang jwale?
MAMA:	Batho.
MMALULU:	Batho? Na o ntso ikutlwa tjee MAMA. O batla batho jwang empa a baleha batho a le tjee. Sala le yena nna kea tsamaya. *(a tswa)*

LULU a tla, SAM a kena tlasa tafole ha a utlwa diqi di atamela.

LULU:	*(a so dule le fatshe)* MAMA jwale ke eng hoo. Madi! O ne o tswa mokola hape? *(MAMA a sisinya hlooho)* Ke madi a mang ana hee? Kapa ntate o kgutlie, KK o teng? O kae, o kae? *(a sala mophula morao ho ya tlasa tafole, a phahamisa lesela le apesang tafole. SAM a hlaha)* Hase ntate motho yo! O mang wena!
MAMA:	Butle LULU, be-butle.
LULU:	Ke butle jwang MAMA ho le tjee? Ke motho yo? MAMA ba ntse ba chesa shopo ya hae hona jwale ha ke bua tjena, lelakabe ke tetemahadi e yang hodiiiiimo kwana. MAMA o bapala ka mollo. Ba tsamaya ntlo le ntlo ba kgwasa makwerekwere. MAMA o batla ho bona tosa le madinyane a yona? O batla ho bona ha pela di falla?
MAMA:	Mona ke haka.
LULU:	Ako mamele hle MAMA. Ba tla re otlella le yena kannete MAMA. Wa hana? Feela ha a tlo robala

ka mona teng. Ha ba mo tswibila ha hae kwa o mathela mo? Ke re ha a n'o kena ka mona, *(a kwala lemati la kamore ka mmele wa hae)* A nka mofeng wa lefielo.

MAMA: LULU motho ke motho, o keke wa mo hlakola botho ba hae hle ngwanaka. Ba tla tlameha ho bolaya nna pele ba ka thetsa motho enwa. Kgetha hore na o ema le nna kapa le bona. *(MAMA a ya ho yena a mo sheba ka mahlong nako e telele. Mabifinyana a LULU a qhibidiha butle-butle, a swaba, a tlohela mofeng wa wela fatshe. MAMA a mo aka)*

MAMA: Kea tseba ho bohloko hle ngwanaka haele mona ntatao a le siyo. Empa o tla kgutla hle. Ha ele enwa yena motho, madi a hae ke ana fatshe mona. Ha ke battle madi ao a nete matsoho a rona. Ke botho ntho eo ngwanaka. Mohau ha eke e be ntho e teng pelong tsa batho. Motho enwa o hole le hae, ha ana mang wee. *(LULU a tswa a tsamaya. Ka ntle a kopana le MAMINA yena a mo fa seshobana. LULU a fana ka chelete kapele ba arohana, MAMA a busetsa SAM ka kamoreng. Ka ntle hwa hlaha lentswe la mosetsana le utlwileng bohloko le ntse le howa le re 'papa SAM-oo'. SAM a tswa ka kamoreng ho mamedisisa)*

SAM: MAMA ke ngwanaka kea tswa. Ke MERCY waka.

MAMA: Se ke wa tswa batho bao ba tla o bolaya. Ha o sa ba tshaba jwale?

SAM: Ke bitse ngwanaka a tle ka mo?

MAMA: E-e. Ke thusitse ho lekane.

SAM:	Kea ya MAMA. Ha ke na taba jwale MAMA. Ke leboha thuso ya hao le pelo e lerato. Empa ho tswa kea tswa. Ha re etse thapelo.
MAMA:	Thapelo ha se mantswe feela ngwanaka. Modimo o o shebile. Tsamaya hobane lerato la hao ngwaneng ke thapelo ka bo lona.

SAM a tswa, ba bonana le MERCY. Ba matha ba akana, ba ntse ba lla bobedi.

SAM:	Hao MERCY ngwanaka.
MERCY:	Papa. Jwale ke eng ho. Papa o lemetse *(a bokolla)* Papa ha re ye hae batho bana ba tla re bolaya.
SAM:	Re tla ya hae jwang MERCY?
MERCY:	Ho betere ho shwella hae ho na le ho tla ba ntja mona. Ho thusang ho ba mmutla wa dintjeng. Papa ha re ye. Hase hae mona.
SAM:	MERCY re ka se ye hae hle ngwanaka. Ntate Modimo ekaba o ho kae ntate.

Hwa utlwahala mohoo wa batho ba lelekisang motho. SAM a tshwara MERCY ka letsoho ba baleha.

PONTSHO YA BOBEDI

Lephephe la HEADMASTER. Ho lerata la dikoloi tsa di-taxi.
Hodima lephephe ho ngodilwe ka mongolo o moholo,
SHOSHOLOZA SHAVERS. Ka tlase ho moo ho ngotswe
'HEADMASTER, WE DO YOUR HAIR WHILE YOU WAIT'.
HEADMASTER o ntse a kuta hlooho ya GYSMAN. Ha ho puo ho
fihlela ho kena KK. KK a leleka HEADMASTER ka monwana le
mahlo a hlabang, a sala le GYSMAN. HEADMASTER a nna a ba
nyarela.

KK: Hona jwale seo ke se batlang ke koloi. Mong'a
           yona wa e batla. Motho enwa Fani o tonetse nna
           mahlo.

GYSMAN: Ha ke tsebe hore na o re ke etse eng. Ke o
           jwetsitse hore ke ile ka e paka ka ntle ho ntlo,
           hoseng ya tsoha ele siyo. Jwale ho thwe ke
           etseng ha leshodu le nkile koloi ke robetse ke sa
           mmone? Feela hee dinotlolo ke tsena. *(a di*
           akgela)

60

KK:	*(a raha dinotlolo)* Ke tla etsang ka ntho tsee koloi e le siyo? Kamoso ha ke n'o o botsa hammonate. Fani ha a battle meqoqo o batla koloi. Ke rasethunya monna eo.
GYSMAN:	Hopola o nkadimme koloi eo ka lerato eseng ntwa. Mphe nako ke batlane le yona.
HEADMASTER:	*(a kena, a letsa molodi wa qenehelo)* Ke hore bashemane ting le sa ntse le tsamaya hoohle mo le senyetsa batho le ba utswetsa. Hobaneng le sa tlohele pele le phomotswa ka kulo?
KK:	Ha ke qeta ho tlohela ebe? Re kgutlele morao ho ya phela jwalo ka dintja hape? Ehlile re phela jwalo ka dintja le wena wa bona. O kile wa bona kae ntja e kenngwa ka lekaseng la bafu e ntse e phela?
HEADMASTER:	Oo, Jwale o re bitsa dintja kajeno KK, he? Dintja habohabohabo. Feela hee moshanaeso, ho phela jwalo ka ntja ha ho nketse ntja, kapa jwang? Le ntja e phelang jwalo ka motho hase motho.
KK:	Inahenele feela. Naheng e le nngwe, dintja di na le medical aid. Na wa e tseba le ho e tseba medical aid tjee? Dintja di na le yona empa batho ba phela diretseng. Freedom, freedom, freedom. Freedom ya dihele!
HEADMASTER:	Butle.
KK:	Ke cho jwalo hobane ke nnete. A ko bone lesoba le seeteng sa ngwanaka LULUBOY. Le wena o ka nna wa tswa le moo ha ho se ho le hobe.
HEADMASTER:	Lokisa seeta monna se tla loka.
KK:	Ee, ho bonolo ho bua akere. Re fumanehile hona hoo ke sa tsebeng ho lekanya.

HEADMASTER: Ke nnete ha re na matlotlo a lefatshe, empa re barui moyeng le bothong. Thuso ke efe ha mpa e tletse empa pelo ele marantha? Ke ka hoo o re bonang re ntse re eme tlekelele kamor'a dilemo-lemo tsa kgatello le kganyapetso e sehlooho. Matla ha se a potongwane feela.

KK: Hwa itshwanela. Ntho tsena kaofela ha re di kgethe. Di re wela hodimo, ho itshwenela feela le ho thulwa ke terene. Motho e motsho ha a na boikgethelo.

HEADMASTER: Leha ho kaba jwang re ntse re ya pele. Jwalokaha Bishop Tutu a ne a bolele, leha nka hloka letho ke na le ntho enngwe le enngwe ha feela ke dumela.

KK: Mane dijong ke 'pick and pay', hase 'pick and pray'. Mme waka ya ntswalang MAMA MUDU esale a dumela ho tloha ha ke hlaha mahlo, empa tshotleho e moo eya tshosa. Ntho ena eo re e phelang hase freedom.

HEADMASTER: Hantle-ntle ho wena freedom ke ntho enngwe le enngwe KK. O lelekisa ntho e siyo hobane ha o na letho ka sefubeng ka mona. Ho tshwana feela le ha seriti se lelekisa diriti tse ding ho ya dikela koo re sa tsebeng.

KK: Wa tseba ke o jwetse, Edladleni ena e itshwanela le kampo ya bo ahlama-o-kwenye, madinyane a nonyana ka sehlaheng, moo ba nang le hona ba lahlelang dijo tse setseng kgwedi le kgwedi. Batho ba tsoha ba ora letsatsi jwalo ka mekgoditswane hobane ha ba bone tsela, tshepo le hore na ba phelelang. Re diphoofolo tse ruetsweng ho vouta feela qha!

HEADMASTER: Hoja tshotleho ena ya etsa hore o tsohe o
iketsetse hona le ho dula fatshe o ntse o honotha
letsatsi le letsatsi. Hobane jwale ke mona ha o
phahama moo ke wena elwa o ilo kh'othotsa
batho o ba tshwenya.

GYSMAN: Seka e bitsa ho tshwenya hle HEADMASTER.
Sefate sa perekisi ha se behile ho feta tekanyo
se batla ho hlohlorwa. Ke sona seo re se etsang.
Makgowa ana a imetswe ke dichelete tseo ba
ipokeleditseng ka tsona ba le bang.

*Lerata la utlwahala ka ntle yaba ho uwa hodimo le tlase ka tlung.
HEADMASTER a ntsha lebokose tlasa tafole a ya le potetsa
kamora ntlo. KK a tswela kantle. HEADMASTER a khutla, a batla
chelete ho GYSMAN. GYSMAN a mo fa yona.*

HEADMASTER: Hei wena GYSMAN, chelete ena ha ya lekana.

GYSMAN: O sek'a mpotela. O tla e thola mona. *(a supa
setswe)*

HEADMASTER: Ho lokile tsamaya abuti. Nna ke HEADMASTER se
ke wa mpapalla. O lebetse hore ke tshwere moriri
wa hao ho nna mona. Ke tla o etsa sethotsela ke
o palane ho tla hantle! Durban July ya bosiu.
Thola wena, o tlo bone ha le dikela.

Kantle GYSMAN a bona MERCY. A ya ho yena a hata kapele.

GYSMAN: MERCY motho yane ke mang? Eno eo o neng o
eme le yena?

MERCY: Nna batho bana he ke ba tsebe hantle GYSMAN.
O itse lebitso la hae ke Fani ebile ke mokgotsi wa
hao. Hape o ne a botsa ka KK le hore na a ka
fumana LULU hokae.

GYSMAN: Motho eo o nkile sethunya ha o bone? Butle ke mo late. Ntlohele MERCY. Hee wena motswalle ha re buisane ke nna enwa. Koloi eo e lahlehile matsohong a ka. Tloho ho nna mona! *(a tswa a matha MERCY a mo setse morao, GYSMAN a fina matsoho a hempe ho bontsha maikemisetso a hae)*

PONTSHO YA BORARO

Moruti a kena a binela hodimo a tshwere bebele. A ema kapela
ntlo ya MAMA MUDU a lokisetsa ho rera. Phutheho ya bokana
kapelenyana ya batho ba fetang ka tsela. Eitse ba sa nkehile ke
pina, MAMINA a kena hara bona, a phethoha le bona
moshemane ya jwalo.

MORUTI: Batho ba Edladleni le tatile empa le tatetse kae?
                Le tatile empa le tseleng e kgopo, tsela e
                madimabe. Tsela ya lona ke tsela e isang
                pheletsong, tsela e lebisang lebitleng le batang.
                Dibe tse lona di thiba letsatsi. Dipolaeano, peto
                le bokgopo ke tsona tse busang pelo tsa lona. Ke
                romilwe hore ke tlo le bolella ke eme tlasa thaba
                ena ya Edladleni … ho thwe …

MAMINA a mo atamela ka morao a nanya, a mo kgama a nka
founu ya hae. Phutheho ya dieha ho hlokomela, empa eitse ha e
lelekisa MAMINA, yena a ntsha thipa ba kgutla ele yena a ba
lelekisang. Ha MAMINA a kgutla, moruti a mmetsa ka majwe,

65

MAMINA a mo siya ka lebelo ke moo moruti a mo felehetsang ka tlhapa.

MORUTI: Msono kanyoko!

MAMA: *(a tswa a hlaha katlung)* Hei ntate moruti! Na ke utlwile hantle? O reng?

MORUTI: Letho MAMA. O nkutsweditse.

MAMA: Yaba o reng ho yena?

MORUTI: Ha o bone a sothehile thekeng mo.

MAMA: Ke re na wa re'ng ho yena?

MORUTI: Ka re 'I saw you in New York!'

MAMA: Ke ho re'ng ho cho jwalo?

MORUTI: Ke hore ke sono e lenyoka.

MAMA a ema a shebile MORUTI, a sisinya hlooho yaba o se a ema moo a mo disitse.

MORUTI: Ke utswetswa founu lona lea tsheha ho monate. Le photholehile. Le kwetse pelo tsa lona. Modimo ha a fihla moo o fumana ho kentswe pin ya sebe - e re access denied. Tsatsi la lona le ntse le atamela jwalo ka metsi a morwallo. Ya nna ya na, ba nna ba nwa. Empa kgetlong lena le ile hole haholo. Modimo o re ho lekane, le lemaditse motho ya senang molato, la mo otla la ba la tsholla madi a hae. Maqeba a ho SAM a tlo nka matsatsi a leshome ho fola. Ha le sa etse letho, a iphodisa ka bo oona, tholang le tle bone. Kotlo di tla tla di kolokile mona Edladleni. Ke tla bona hore na le tla tsheha hape na. *(a tswa, MAMA a sala a eme a le mong)*

66

MAKI:	*(O tla a hula ngwana, ngwana a chophola, a baleha pele a kena monyako)* Haaaaa, Vuilgoed towee ya ngwana. Kea bona o nahana hore nna ke CEO. O mathe jwalo feela o tla robala moo o tsebang! *(a kena ka tlung)* Bana bana baa tena MAMA MUDU. MMALULU o teng?
MAMA MUDU:	MMALULU ha a yo o ile kliniking. MAKI theola moya o ntjwetse hore na hantle ho etsahetse eng.
MAKI:	Serathana sena!
MAMA:	Hei, ke haka mona. Hlwekisa molomo.
MAKI:	Tshwarelo MAMA. Esale a nkemeletse a re ha a na di-marble. Nywe, nywe, nywe bana ba bang bana le tsona kaofela ho setse nna. Wa tseba ka ba ka di reka ke sa batle. Empa di kae hona jwale? Ha ho na le ele nngwe feela e setseng. Di nyametse feela jwalo ka bosu..
MAMA MUDU:	Butle, butle …. Le hodisa bana jwang le le tala tjee? Ha o monate ka hanong kajeno ke eng?
MAKI:	Tshwarelo MAMA. O re di marble di ho LULU, ke ka hoo o mponang mona. O leshano se ntse ke bona. Ha o bone a baleha ha re fihla mo. Ke re moshanyana enwa o nkene bokong jwalo ka kokwana.
MAMA MUDU:	Di marble tsona ke di bone. Ka makalla bongata ba tsona. Ere ke bitse enwa wa ka. LULU-uuu

LULU a kena butle, a hlokomela hore di se di chele.

LULU:	Ke utlwile MAMA. Re ne re bapala, ke ba hlotse hantle le bona ba ya tseba.

MAMA MUDU: O hlotse? Ha o bapale le bana ba bang wena wa ba hlola? O tla qetella o bapala o le mong jwalo ka noha. Tlo kwano mona ke o hlole.

LULU: Mmm-mm Mmm-mm. Kgale ba ntja le nna.

MAKI: Wa tseba di rekwa ke mang, rona di-skepsele tsa batho. Ke chelete e yang le metsi. Ikutlwele feela, nna ke le motswadi a le mong wa moitshokodi ebile ke na le hlooho e sa feleng.

LULU: Motho ha a hlotswe o hlotswe. Ya hlolang o di nka kaofela.

MAMA MUDU: Di kgutlise LULU. Ha ke di batle ka haka ka mona. Mo fe tsona.

LULU: Ke mo fe. Kea hana. O ka mpa wa nchapa.

MAMA MUDU: LULU mpolelle, kelello e ya hao e re ho lokile ha o nkile dintho kaofela bana ba bang ba se na letho? Tlo kwano mona.

LULU a pota-pota tafole.

MAKI: Ho lekane MAMA. Bana bana ba nka ntho tsena seterateng mona. Le sekolong ho thwe ba ithuta ntho ba re ke entrepreneur eo ho thweng o sututse hore a hlole batho kaofela. Ebile a ka tloha a o tshwarisa.

MAMA MUDU: Ke bohlanya. Thupa e otlollwa esale metsi. Ke kgodiso eo re e fuweng ke baholo ba rona. Ya belaelang a ye mabitleng a yo botsa moo.

MAMA MUDU a dula fatshe a touta. MAKI a mo sheba nako e telele.

MAKI: MAMA tlohela ho wa moya nako ena kaofela. Ntho e teng ka mokotleng wa ka mona e tla o makatsa hamonate.

MAMA:	Ke eng MAKI? Ere ke bone.
MAKI:	E-e. Tsheha pele. *(MAMA A bososela)* Pampiri ke ena ya Edladleni News.
MAMA MUDU:	E reng na MAKI?

Ba e shebisana, ba thaba haholo ba duduetsa.

MAKI:	Wa bona o dutse o ntse o lla mo empa bana ba hao ke dinaledi.
MAMA:	Na? Eya hle MAKI. Bona, enwa ke KK. Maqepheng a ka hare ke FLORINA har'a mesi ya feesmustfall. Jo nna ke tla shwa wee! Wa tseba esale ke tswalwa ebile ke mo kana ha ho na motho wa Edladleni ya kileng a hlaha pampiring. Joo!

Ha ba ntse ba tantsha ba duduetsa, MMALULU a kena.

MAMA:	Bona MMAMULU. Bana pampiring. Nna maan!
MAKI le MMALULU:	Wena maan!
MAMA:	Ba beile Edladleni mmepeng. Nna maan!
MAKI le MMALULU:	Wena maan!
MMALULU:	Feela ere nke ke iponele ka a ka mahlo.
MAKI:	MAMA MUDU kgomo e tshwanela howa jwang kapa jwang. Leboha badimo hobane baloyi ba Edladleni re ba hlotse.
MAMA:	Maya kgomo eo ha e hlaba ka lenaka fatshe etlabe ele kgale ke kene Sandton kea o jwetsa! Le nna molomo wa ketlele o shebile ka ho nna kajeno. Moja pele o tshwana le moja morao.

MAKI: O tsamaya le nna akere MAMA?

*MMALULU a sheba pampiri nakwana ha a qeta a emella
thokwana a bonahala a sa thaba..*

MMALULU :   Pampiri ena ha ele tjena, ere KK le GYSMAN ba
                    batlwa ka bonokwane le ho bolaya lekgowa
                    dipolosing kwana. Hase ntho ya bo ai-alililili,
                    allilili. Ke dikebekwa, dinokwane, dikenamorung,
                    ntho disele, matlakala feela tjena. Mathata
                    feela. Jwale enwa ya chakelang dijo o duletse ho
                    o thetsa. MAMA o hlokometse hore mosadi yo o
                    chaka ka nako ya dijo mehlae?

MAMA: Nkeke ka tlohela mohaisane a bolawa ke tlala.
                    Dijo ha di tingwanwe ke tshila tsa meno. *(a
                    kgutsa nakwana pele a buela fatshe)* Pampiri ena
                    ke noha yane e hlooho tse ngata. E kwentse bana
                    a ka. Re tlameha ho hlwella ka hodim'a thaba ya
                    Edladleni re yo rapela, mohlomong Modimo o tla
                    re utlwa ha re le moo.

Hwa thola tuuu. HEADMASTER a kena.

MAMA: Hao basadi, ekaba nna keya madimabe hakae
                    hara basadi. Bana baa. Esale ba senyeha
                    dikelello ke ntho tsena tsa freedom, freedom.

MAKI: Boloi MAMA, ke baloi ba Edladleni!

HEADMASTER: Ke utlwile taba tsa bo-KK. Kgothala MAMA hase
                    wena feela. MAMA freedom ena e fihla baneng
                    ba rona jwalo ka sefefo se etsang hore ba qetelle
                    ba itebetse hore ke bo mang. Nkeke ka re
                    freedom ha ke e battle, empa le teng e
                    shebahala e senya ho feta ho lokisa.

MAKI: Freedom ke 'lucky packet'. Ba bang ba thola ntho
                    tse kgolo, ba bang ba tswa ka ntho tse phoqang.

Hase hore ntho engwe le engwe e re hlotse. Re hlola re bechile lotto mona. Re jewa jwalo-jwalo, re lahlelwa ke chelete e ngata empa tshepo e dula e le teng. Bophelo bo itswella pele.

HEADMASTER: Empa haeba re hlotse hobaneg re hula ka thata hakaana, hobaneng batho ba fetohile diphoofolo, le mekgwa e hlephile? Re sesa ka har'a mathata.

MAKI: Ha ho na thuso ho lla, ke ka moo batho ba leng ka teng ....

HEADMASTER: Tloha mona MAKI, hobane hase ka moo batho ba bopuweng ka teng. Kea hana. O nahana hore Modimo o entse motho ya betang ngwana ya lemo di tharo? O reng teng ka motho ya kenyang katse ka har'a microwave ebe wa e besa lebitsong la hore mong'a katse a mo fe chelete?. MAMINA yena, o nahana hore o entswe ke Modimo a le tjee?

MAKI: Empa le bo-Europe kwana re ntse re utlwa batho ba bolayana le ka dibomo.

MAMA MUDU: Lebala ka bao. Ha re tshwane. Wa tseba ho betere ho baballa seo o nang le sona ho na le ho lelekisa ntho tseo o sa di tsebeng. Re ne re na le mekgwa le meetlo ya rona e re fetisitseng hara mathata a maholo. Nna ke bona eka, eitse ha re ntse re lelekisa freedom, ra lahla tsohle. Ke mona re tjena kajeno, re setse lepalapaleng.

MAKI: Ka nako eo freedom e ne e le ntho tsohle.

HEADMASTER: Ke nnete, empa re ile ra ithetsa ka freedom ra lebella mehlolo. Freedom ekeke ya etsetsa motho letho. Ke motho ka mong ya tla iketsetsa seo a se batlang ka yona. Ha o sa itokisetsa ho e sebedisa, lebala. Bo radipolotiki bona ba ne ba

tseba hantle hore na ba tla etsang ka freedom.
Batho ba bo-Edladleni re palame bese eo re sa
tsebeng moo eyang teng. Empa ha re tloheleng
tseo. Ke utlwa hore ho na le batho ba batlang ho
fedisa dijo mafung. Lona le reng?

MAKI: Le nna kea cho. Di senya chelete.

MAMA MUDU: Eseng ha ke ntse ke phela. Dijo mafung ke
                mokgwa wa ho kopanya batho le ho fepa ba se
                nang hona. Mahlanya a rona, ba se nang
                mesebetsi jj Tlohelang ho nna le etsisa makgowa
                le sa inahane pele. *(motho a kokota monyako
                hasesane)*

HEADMASTER: Ho lokile, nna ke sa ile. Ha re sutheleng baeti ba
                bang. MAMA ke motho wa batho. *(a tswa)*

MMALULU: Ha ho motho monyako HEADMASTER a ka be a
                mmone. Kea kgolwa ke ntja. Mosadi yo yena! Jo!
                A k'o bone na plate ya hae e mohlohlo jwang!

MAKI: Wa bona wena. Kgale o ntshetse morao, jwalo
                kaha eka o betere. Ha o swabe le ho swaba o
                tlisa ngwana wa sekhaupana ka lapeng la
                MAMA. Sies! *(MMALULU a itshwara hlohong a
                lla, a nyamela ka kamoreng a notlela. MAMA a
                ya monyako a kokota)*

MAMA: E hodile, e hodile bula monyako ona! Bula
                mosadi taba di teng.

*A kokota nako e telele, a nyaroha ha a bona MMALOZI a eme
hara ntlo empa ba sa mo hlokomela ha a kena. MMALOZI o eme
feela ha a bue. MAMA a sehwa ke letswalo.*

MAMA: MMALOZI o entse jwang ha eka moloi a
                tshwerwe ke dithakgisa tjee?

MMALOZI: Mokgotsi'a ka, kannete ke maswabi haholo. Ke maswabi hore ebe ke nna ya tlisang ditaba tse tjena ho wena. Empa …

MAMA: *(a raoha setulong a chechella motsheo)* Thola MMALOZI thola. Ntho eo ha ke batle le ho e utlwa. MMALOZI ntswele ka ntlo mosadi. Ha ke bapale tswa, tswa, tswa. MAKI felehetsa mosadi enwa a tswe haka mona. O mo ntshe ka heke.

MAKI a etsa jwalo, MAMA a re sihla fatshe.

SEBAYE SE SEHANG MPA LEHARE

Lapeng ha MAMA MUDU. Ho utlwahala difela tse binwang.
Chaba se bokane ho tla boloka LULU. Har'a batho re bona MAMA,
MMALULU, MAKI, MMALOZI, HEADMASTER, GYSMAN. Lekase la
kena le eteletswe pele ke MORUTI.

MORUTI: Phutheho e kgabane, bonang sehlooho se sekalo-
kalo. LULU o re siile. Lelapa la MAMA MUDU le
aparetswe ke leru le letsho tsho, leru la lefu, Lefu
la ngwana e monyenyane LULU. Ho ngodile ho
thwe, bana ba tla otlwa ke lebaka la bokgopo ba
batswadi ba bona.

Pokothong ya LULU ho fumanwe molaetsa o
ngotsweng ka letsoho. Malaetsa o baleha
jwanaa: 'Dear KK, ena ke mpho ya hao ka letsatsi
la hao la tswalo'. Ke sehlooho se se kaakang, ke
bo-phoofolo bo bo kaakang ba moetsi wa ketso
ena e soto. Ntho tsa mafifi tsa bo-KK di
qetelletse di jele ngwana ya sa tsebeng letho.

Ke boletse hore ho tla sea-duma, se tla se tobane le Edladleni. Yaba le ya tsheha. E mong wa lona a ba a nkukela founu. Ntho tsena ha di monate empa di tla tlameha ho buuwa kajeno lena. Ke mona re tseleng e bohloko, e telele e boima, ke tsela e kgopo e lebisang lebitleng le ahlameng, le ahlametse ngwana enwa. Ke tla nka hore ho tloha kajeno re tla bona phetoho.

Ha lefu la LULU le tlise tshokoloho tjhabeng sa rona. Ke tla kopa hore banna ba tle ba nke lekase, re tsamaye hoya beha ngwana enwa. Modimo a be le rona, a fe ngwana enwa mohau le lerato, le mofuthu wa tlhokomelo tseo a di tingweng fatsheng le ka kwano. Re feng sefela phutheho, re tsebe ho tswa.

Banna ba nka lekase ba tswa, phutheho ya latela.

75

PONTSHO YA BONE

HEADMASTER o ntse a kuta hlooho ya motho. Pele hwa kena
MAMINA a dula fatshe. O shebahala a se na mamello.
HEADMASTER a nna mo kokobetsa. Hamoraonyana FLORINA a
fihla le yena a dula fatshe. HEADMASTER a qeta a ba a tswa le
moeti wa hae feela a nka nako e telele.

MAMINA: *(a supa wache)* Ha re wele tabeng, tse ding re tla
di tshwara tseleng. Wa tseba ke eng, di-RDP
tsena tseo re di fuweng dia peperana. Nna ke re
re yo chesa library.

FLORINA: E-e. E-e.

MAMINA: *(a qeta nako a mo shebile)* O jwang na? Hape ba
re re boloke metsi, ke batla ho thuba dipompo re
fe bana metsi ba bapale ka oona. Metsi ke a
Modimo.

FLORINA: Ka metsi teng kea hana.

MAMINA: O mang wena hantle? E seke ya ba o mpimpi, nywe,nywe, nywe. Mona ha ke bua le dumme. Feela wena ha ke beha tiki o beha zoka, ha ke beha stene o beha seretse. Ha e sebetse jwalo Madladla mona.

FLORINA: Bona mona abuti. Hoja ra tlohela ho bua. Ha o ntsebe, ha ke o tsebe. Ha e dule ele jwalo, fifty-fifty.

MAMINA: O bari wena fifty-fifty.

FLORINA: Wena o sephoqo.

Ba ema ba bopelana. HEADMASTER a kena a potlakile, a ema pakeng tsa bona.

HEADMASTER: Hee butleng. Ke molato waka. Ke ne ke tshwanetse ho le kopanya hantle. Tlohelang ho lwana le bue ditaba tsa lona. Enwa ke FLORINA wa MAMA MUDU. O university. Enwa ke MAMINA wa Edladleni mona le yena. Ok. Tswelang pele nna ke tla itswella pele ka mosebetsi waka. *(a ya thoko)*

MAMINA: University, ke lona bo-feesmustfall?

FLORINA: Tlohela ho bua ka ntho tseo o sa di tsebeng. Feesmustfall hase nthonyana tsena tsa lona. Hase bolo, hase jive.

MAMINA: Hee candas, canda kh'ulu. Hantle-ntle fifty-fifty ke motho ya jwang?

HEADMASTER: Hei wena MAMINA, candas ke mang? O ntlwaela hampe hee. Wa e bona phafa ena, e tla fihla nameng ya hao o tla bua nnete.

FLORINA: Enwa o ipatlela yona phafa. O re o batla ho senya metsi. Rona metsi rea a sireletsa hobane

rea tseba hore na metsi ke eng bophelong. Re tla
a sireletsa.

MAMINA: Sireletsa wena? Maponesa a etseng ona?

FLORINA: A kwalle dikweta tse kang wena tjena. O sebodu
sa motho, ntho ya hore e lahlwe.

MAMINA: Sebodu nna? Ditabanenyana tsee tsona?

HEADMASTER: MAMINA o motho ya jwang hantle? Ditabane o di
qhomela ka difeng jwale? Hase yona ntho eo ho
buuang ka yona.

MAMINA: Ha le mamele tv. Shembe o itse batho bao ba
kotsi haholo ba tlisa ntho tse empe kaofela.

FLORINA: MAMINA o shwele o ntso tsamaya. O motho ya
robehileng ya hlokang ho kobollwa.

MAMINA: O kobolla nna? Mamela mona. Nna batho ba
babedi ba mobung o batang ka nna o nkutlwa
hantle. E mong ke ne ke mo tronkele Sun City.
Digging fork e ne e kene pelong ya hae ka bona a
raha-raha, a phethola mahlo, a fela tuu ke mo
shebile. Ka mo qeta cum laude, akere le cho
jwalo. Jwale wena o nahana hore o eng? O
ngwananyana wena nka o ruta ho ba
ngwananyana nna. *(a tshwara FLORINA, ba lwana
FLORINA a mo lahla fatshe. MAMINA a phahama
a ntsha thipa empa a eme thoko)*

MMALOZI: *(a kena)* Ho etsahala eng mona? HEADMASTER
ha eka o shebelletse tjee? Ha o bone
moshanyana yo o nkile thipa?

HEADMASTER: Ba tlohele ba ntshane nkane. Ho neng ke ba
thiba.

MMALOZI: Moshemane enwa o nkile thipa.

MAMINA:	Mme o se ka tla mpitsa moshemane mona.
MMALOZI:	Ha o moshemane o eng? Ntho tseo o ntseng of di etsa hona jwale ke tsa boshanyana, le hona moshanyana wa lekwala. Ha o monna MAMINA, monna ke ntho e hlomphehang ebile e hlomphang. Monna wa sebele o na le seriti ebile ha a tsamae a tshosa banana ke di okapi.

MAMINA a tshosa FLORINA eka o tla mo hlasela. HEADMASTER a phahama a nka phafa.

HEADMASTER:	Jwale ke nako ha o tella le mmao tjena. Mpheng yena hle. Wa e bona phafa ena. Ena le matswai a monate bo vitamin D. Moshanyana ke mo beka dibono tsena a sitwe ho dula fatshe dikgwedi-kgwedi. MAMINA o kile wa otlwa?
MAMINA:	Ke otlwa ke mang? Nna motho nka mo hlaba.
HEADMASTER:	Ebile o hlaba-hlabane. Ke tla o shapa ke o senye tshobotsi moshanyana, beno ba tla o tseba ka maragong.
MAMINA:	A ko leke.

Ba pota-potisana, empa HEADMASTER a hlolwa ho mo fihlela.

FLORINA:	Mo tlohele ke sebodu. Hase feela a reng o tla senya metsi. A ko boneng rona batho ba batsho re phela moo ho leng jwang. Ke dibataolo fela empa makgoweng kwana ho lengwe difate-fate tse lengweng ke rona, re di lemela batho ba bang. Le dinonyana dia baleha mona hobane ke lesupi. Le oona matlo re tla a lokisa, re a ntlafatse le tsona di library, eseng ho di chesa.
MAMINA:	O bua feela wena. Ha o so di etse ntho tseo hobaneng?

FLORINA: Kgale le re senyetsa mona le ipitsa di-leader, motho wa teng ha a so bale le buka e le nngwe. O ka etella mang pele, lemina le kang wena tjee.

HEADMASTER: MAMINA tlisa thipa eo kwano. Wa hana? *(HEADMASTER a mo lelekisa ka phafa ba tswa ba matha)*

FLORINA: O ile MAMINA, jwale taba tse monate ke tsena tseo ke di utlwileng MMALOZI. Ho thwe maqeba a hloohong ya SAM … o sa mo hopola SAM? Ba re maqeba a hae a fodile kaofela ho setse hannyane feela.

MMALOZI a sehwa ke letswalo, a qhomela hodimo ya ka o kenwa ke moya.

FLORINA: Ke eng jwale?

MMALOZI: O se ke wa bua jwalo *(a tleroloha)* Ke ile ka ya bona Sangoma ka hodim'a thaba ya Edladleni maobane, a bua ka yona hlooho ya SAM. *(ha duma maru le mosi wa tlala, hwa sala ho le lerootho. MMALOZI a ya kwana le kwana ho bontsha pono ya Sangoma)*

MMALOZI: *(ele Sangoma)* Maqeba oohle ao le a chekileng hloohong ya SAM, qeba le leng le le leng le moo, ke lebitla, mabitla ao a tla tlatswa ka ditopo tsa bana ba Edladleni. *(a tleroloha hape, maru a duma, a qetella a phahama eka wa hlaphohelwa, o kgutlela boyeneng)* Mabitla a tla fetoha melomo e ahlameng ya noha e hlooho di ngata, e kapa bana ka melomo ya mabitla. Ntle le haeba … ntle le haeba …

FLORINA: Ntle le haeba e le eng?

MMALOZI: Ha ke sa hopola tse ding.

FLORINA:	Wa mo dumela?
MMALOZI:	Nka se mo dumele jwang a ne a mpolelle pele KK a hlanya hore o tlo hlanya?
FLORINA:	Mehlolo. Ha o tsebile ntho e kaalo-kaalo, ha wa jwetsa MAMA hobaneng?
MMALOZI:	Ngwan'aka, mmao o sentswe hlooho ke ho dujwa ke bana. Hona jwale o fetohile tau dia rora. Ke ne ke ee ha hae ke il'o mo jwetsa taba tsa KK empa a nteleka. A ntebela ke so bue le ho bua. Ka nakonyana tseo LULU a hlokahala. Ho fihlela lena le hodimo kea kgolwa o ntse a nahana hore ke ne ke tlisitse taba tsa lefu la LULU. Empa ka nako eo ke ne ke sa tsebe le ho tseba hore LULU o hlokahetse.

PONTSHO EA BOHLANO

Batho ba hlometseng ka melamu, ditene, dibotlolo ba kena sethaleng bo bontsha hore ba tsoma batho. Ba ya pele le morao, ba sheba hoohle, tlhapa e le tlhapa mme ba bontsha kgalefo e tshabehang. Puo boholo ke hore 'ba kae, ba kae' 'thiba ka mona, thiba ka mona'. Hang ha ba bona SAM a hlahile lesobeng la thekiso shopong ya hae a ntse a rekisa, ba ya ho yena ka tlhaselo, ba mmetsa ka tseo ba di nkileng. SAM o fola ho ipata, bona ba pota shop ka morao ho ya kena. Lebone le ka shopong la tima, mme SAM a tswa a betseha a tshwere MERCY ka letsoho. Ha ba mo thakgola, a matha empa a kopana le bang ka pele. SAM le MERCY ba boela morao, mokgopi was fihla ho bona wa ba kakata. SAM ka bonna a phonyoha, MERCY a sala a wetse fatshe, mokgopi wa mo pota-pota jwalo ka nyamatsane.

MAMINA: Ke ne ke o bolelle wena hore le tla o chabela. Ke mona ba o butse phatla. Butleng lona, enwa ke wa ka. *(o cho jwalo a tshwere thipa)*

MERCY a bokolla a kopa mohau a bile a ntse a hwelehatsa lebitso la ntatae hore a thuse. Ho sa le jwalo ke moo ho hlahileng FLORINA, a tla a mathile a e-tswa katlung.

FLORINA: Joo, joo, jooo!! O entseng motho you. Ke sephamola-dipache?.

MOKGOPI: E-e.

FLORINA: Ke mmolai?

MOKGOPI: E-e.

FLORINA: O betile?

MOKGOPI: E-e.

FLORINA: O entseng?

MOKGOPI: Kwere-kwere!

MAMINA a tla a lebile ho FLORINA, FLORINA a baleha a ya katlung.

FLORINA: MAMAaaaa! Ba bolaya motho.

Eitse FLORINA a sa le siyo, MAMINA a hlaba MERCY ka thipa sefubeng, MERCY a hlaba seboko se thethefetseng, a raha-raha, a thakginya sa nku ya sehlabelo e hatuwe ke banna sakeng. Mokgopi wa nyamela, wa kgutla o ikgakantse eka batho feela ba tlo shebella hobane sebonwang se bonwa ke bohle. FLORINA a kgutla ho fumana MERCY a se a kunya-kunya feela, yaba o tsitsa tuu. FLORINA a hlaba seboko hape.

FLORINA: Metsi, mo feng metsi. *(a cho jwalo ho se ho sena thuso)*

MAMA a tla butle a tswa katlung, a tsamaya ka thatanyana. A fohla batho, ba bang ba apoha ha ba mmona. A ba fiela ka mahlo a hae, bona ba pata difahleho ke ho swaba. MAMA a fihla a kgumama pela setopo, a se kwala mahlo, a mamela pelo

83

sefubeng - tuu! A dula fatshe moo ka sefahleho se rwetseng bohloko, a sa bue letho.

MAMA: Ngwana enwa o timetse, o re siile. *(a etsa letshwao la sefapano)* O tlepentswe ka majwe jwalo ka phoofolo. Batho ba Edladleni ba betsa majwe mme lejwe le leng le le leng e ne ele lejwe la pele. Mora motho o ne cho a re ya senang sekodi a betse lejwe la pele. Ekaba sehlooho se se kana-kana se ka tswa pelong ya motho na? Ha le bone hore ke motho ntho e fatshe ee? Ke motho jwalo ka lona, ke ngwan'a motho.

Ha ho ya buang leha e le ho kgohlela.

Messiah re hauhele. Ke bona ka pele ho mahlo a hao ngwana wa Mo-Afrika chaba sa thari e entsho, ngwana enwa ke enwa wa Mo-Afrika o rapaletse hobane a bolailwe tlasa letsatsi la Afrika, madi a hae a tsholohela mobung wa Afrika, a bolawa ke Ma-Afrika a mang a mo tsekisa bo-Afrika ba hae. Utlwang seboko se hlahang ka hodima thaba ya Edladleni, se hlahang mabitleng a badimo ba rona ha ba bona re jana jwalo ka diphoofolo. Ena taba eya qaka, eya swabisa, eya tlontlolla, eya silafatsa, e soto e madimabe. Na ke oona mokgwa wa rona oo? E tswa kae ntho ena?

LENTSWE: Ke MAMINA.

FLORINA: Hase MAMINA feela ke lona kaofela hobane MAMINA o tseba ho etsa tjena hobane re mo tlohetse, le mo shebelletse, hobane a tseba hore ha le na ho etsa letho. Le madi matsohong kaofela. Akere re re ke mosebetsi wa maponesa

84

hobane rona re rekisitse meya ya rona, re shwele re ntse re tsamaya. Ha o bona polao ebe o itjhebisa kwana, o mmolai le wena. Ha setjhaba se iphapanya ha ditshila di etswa mahlong a sona, ka lebitso la sona, tjhaba seo se silafetse. Ha ba qeta ba ya mahae ba iketsa e-ka ke batho, ba hula bomadimabe bona ka tlhako tsa morao ho ya malapeng a bona. Ha o bone leha pula e sa ne tjee? Ha o bone batho ba photholehile banna ba ditedu ba beta masea? Botho ba rona bo ile kae Ma-Africa, tjhaba se madimabe sa ho kenywa bokgobeng, sa tsamaya ka har'a kgohlo ya lefifi la kgatello ya apartheid ... kajeno re iketsa ntho tsena ka bo rona. Botho bo ile kae? Feela kae-kae botebong ba dipelo tsa rona, ho na le lentswe le buang le re hona hoo re ho bonang hase mokgwa wa rona. Ha-se ro-na.

MAMA: FLORINA wa bolela. Ntho yee ya ho tjhesa batho le ho ba fenetha hase mokgwa wa rona, ke sebe lehodimong le lefatsheng. Le thuso ya ho otla MAMINA ha ke e bone, hobane MAMINA ke e mong wa lona. Re tlameha ho itlhatlhoba ka bo rona. Suthelang MMALOZI ke eo.

FLORINA: MMALOZI ha e le senohe tjee hobaneng a sa bona tsa ngwana hae?

MAMA: FLORINA hoo ke ho phoqa ngwanaka. Ngaka ha e iphekole le leihlo ha le ipone. Esere ha o utlwile bohloko wa batla ho utlwisa ba bang bohloko le wena.

MAMA: MMALOZI o fihla noha e se e kwentse.

MMALOZI a kena hara mokgopi a tsamaya butle a imetswe ke tshwabo le pelo e bohloko. A ya moo MERCY a robetseng teng, a

85

inama a mo suna phatleng. A phahama a ya ho MAMINA, a fihla a ema ka pel'a hae a mo kenya mahlo. MAMINA a sheba kwana le kwana, a fiela fatshe ka mahlo yaba MMALOZI o ntse a mo shebile. Eitse e le hwane, a mo tshwela ka mathe, yaba o retolohela mokgoping.

MMALOZI: Le itlontlolotse, le re silafaditse kaofela. Phuthang majwe ana kaofela le a bokelle le etse mokolokotwane ka oona ele sehopotso se sa feleng ka ketso ena e soto e etsahetseng mona. Mokolokotwane oo etlaba setshwantso sa tumellano ho ba phelang le ba seng ba ile hore ntho ya mofuta ona ekase hlole e etsahala hape. Ke thaba ya bobedi ya Edladleni. Ba sa tsebeng, thaba ya pele ke mokokotlo wa kgodumo-dumo e neng e qete sechaba pele moshanyna Sankatana a e bolaya. Mokolokotwane oo le o bope jwalo ka pelo ya motho ele ho fa Edladleni botho bo shebahalang bo e lahlehetse.

Ha ntse a bua SAM a fihla a ntse a thathika mokgopi a leka ho sheba hore na ke eng e har'a bona. A qetella a bone hore ke MERCY ya rapaletseng moo. A ya ho yena, a fihla a kgumama a kwahela mmele wa MERCY ka wa hae, a lla nako ena kaofela.

SAM: MERCY tsoha, tsoha MERCY. O itse re yee hae, jwale kea dumela, kea bona na o n'o bona eng. MERCY ngwanaka tsoha hle. Nna ke tla etsa jwang ka ngwanaka a le mong to! Ka tla lefatsheng la tshepo, lefatshe la Mandela tshepo ya Africa kaofela empa ngwanaka a kopana le dilalome tsa mo kgaola molala. Modimo ya matla oohle, ya mosa, ya mohau, ya lereko, ntate re ipeha ka pela hao. Hoja wa mpa wa nka nna wa siya ngwana enwa waka. *(a thola nako e telele)* Ba mo ntsha katlung a robetse, ba mo lelekisa ba

ba ba mo tshwara ba mo hulanya, ba mo rohaka,
ba mmetsa ka majwe, a wela fatshe a lla, yaba
ba mo pota-pota, e mong a mo hlaba ka thipa e
sehlooho, yena a nehela moya tlas'a thaba ya
Edladleni hoseng hwa letsatsi. Yaba ke phetho
ke tu ka ngwana wa ka wa ngwanana a le mong
too. *(yaba o phokola sefela se tsebahalang, kodi-
ya-malla pina ya mohlonoko. 'I'm going home to
die no more'. A nka setopo sa MERCY, a se
phahamisa ka matsoho a mabedi, a tswa a mo
kukile a ntse a bina a bile a itshela ka dikgapha. a
hata butle, a thakasa. Setjhaba sa mo sala morao
le sona se bina pina eo, se kobile dihlooho)*

SEKWALO SE THETHANG

Ho reketla hwa lefatshe ho sa tlwaelehang Africa Borwa. Ho utlwahala modumo o tshosang o kang wa dithunya tse kgolo tsa ntwa, ho bile ho le mosi. Diphoofole le tsona di utlwahala di lla, dikatse, dintja jj. Batho ba tswa ka matlung ba phasa-phasa, ba bokolla, ba rapela, ba kenwe ke tshabo e tshabehang. Sea-duma sena sa tswela pele nakwana pele se ema.

LENTSWE: Ke eng hoo?

MOKGOPI: Earthquake! Ke ho reketla hwa lefatshe.

MMALOZI: *(a tla a hlaha hara mafifi ao)* Hona hase feela ho reketla hwa lefatshe. Hoo le ho utlwang ke Steve Bantu Biko, Biko o reketlisa lebitla la moo a robetseng teng, o le reketlisa ka kgalefo ho bona kamoo batho bao a ba shwetseng ba iphetotseng diphoofolo ka teng.

Printed in the United States
By Bookmasters